和・洋・中の玄米レシピ

もっとおいしい
マクロビオティック

成美堂出版

**マクロビオティックは
和風の粗食だと思っていませんか？
もっと洋風、中華風に
アレンジして楽しみましょう。**

マクロビオティックって聞いたことはあるし、
興味もあるけど続かない人。
玄米とごま塩とみそ汁だけの粗食だから、
それが毎日だとつらい…と思っている人。

そんなことはありません。
玄米だって、豆や野菜、海藻類だって、
味付けや調理法次第でバリエーションは広がります！

和風のきほんをおさえたら、
洋風と中華のブイヨンをとって、
自由な発想で、もっとマクロビオティックを楽しみましょう。

そうすれば、自然と長続きして
身も心もスッキリ、美しくなるはずです！

もっとおいしい マクロビオティック

目次

マクロビオティックの きほん

- きほん1 献立とすすめ方……10
- きほん2 食材・調味料のこと……12
- きほん3 調理のきほん——下ごしらえ・加熱調理……14
- きほん4 調理のきほん——だしをとろう……16
- きほん5 玄米ごはんの炊き方……18
- きほん6 玄米がゆの炊き方……20

おいしいマクロビオティック 和風のレシピ

- おいしい和風献立——朝・昼……22
- おいしい和風献立——夜……24

主菜 豆腐 レシピ

- 蒸し豆腐の有機野菜あんかけ……26
- 特製香味だれの湯豆腐……27
- 豆腐とコーフーで肉豆腐風……28
- 高野豆腐とコーフーで肉豆腐風……29
- 高野豆腐と青菜のしょうが炒め……30
- 高野豆腐と根菜のかき揚げ……31

主菜 大豆・豆類 レシピ

- 大豆とさやいんげんのみそ炒め……32
- ガルバンゾーのがんも風……32

主菜 納豆 レシピ

- 焼きれんこんの香味納豆がけ……34
- みそ巻き納豆クレープ……35

主菜 テンペ・コーフー レシピ

- テンペと長ねぎでねぎま風……36
- コーフーのから揚げ……37

主菜 白身魚 レシピ

- 白身魚ときのこの紙包み蒸し……38
- 白身魚の豆乳鍋……39

主菜 野菜 レシピ

- 根菜のジュワッと揚げびたし……40
- 彩り有機野菜のしゃぶしゃぶ……41

副菜 野菜・豆 レシピ

- 大豆の五目煮……42
- ささがきごぼうとにんじんのきんぴら……43
- 野菜みそで！ふろふき大根……43
- たたきごぼうのごまあえ／ブロッコリーの白あえ／ひらひらにんじんの酢の物／焼きかぼちゃの香味ごまふりかけ……44〜45

主食 玄米ごはん レシピ

- 白身魚と切り昆布の土鍋ごはん……46
- 五色納豆丼……48
- きんぴら入り玄米いなり／カリカリ梅と白ごまの玄米ごはん……49

主食 麺類 レシピ

- 汁なし四国風かき揚げうどん……50
- ゆばあんかけそば……52
- パリパリ油揚げと白髪ねぎのそば……53

作り置きできる副々菜 ①

- おいしい常備菜レシピ……54

おぼえておきたい！ドレッシング＆たれ＆ソース……58

おいしいマクロビオティック 洋風のレシピ

おいしい洋風献立──朝・昼……64
おいしい洋風献立──夜……66

主菜 豆腐 レシピ
- 豆腐でクリームコロッケ風……68
- 豆腐シチュー……70
- 豆腐ステーキ……71

主菜 大豆・豆類 レシピ
- ミックスビーンズの豆乳グラタン……72
- 大豆ハンバーグ……74
- ガルバンゾーのカレー風味ソテー……75

主菜 白身魚 レシピ
- 白身魚のふわふわフリッター 豆腐のタルタルソース添え……76
- 白身魚ときのこの洋風ホイル焼き……77

主菜 野菜 レシピ
- 玉ねぎとカッテージ豆腐のオーブン焼き……78
- たっぷり野菜のミネストローネ……79

副菜 野菜・豆 レシピ
- ローストキャベツ……80
- カリフラワーとブロッコリーのサラダ/セロリとキャベツのコールスロー風……81
- とりあわせ野菜のハリハリサラダ/レッドキドニーとおかひじきの梅ドレッシングサラダ……82
- ガルバンゾーとグリーンピースのサラダ……83

主食 玄米ごはん レシピ
- 照り焼き玄米ハンバーガー……84
- 玄米ピラフ風/玄米ニョッキ かぼちゃ風味……86
- 玄米ドリア……87

主食 パスタ レシピ
- グリーングリーンパスタ……88
- かぼちゃのクリーミーパスタ……90
- コーヒーしぐれときのこのパスタ/梅しそだれの冷製パスタ……91

主食 パン レシピ
- ふわふわモーニングパンケーキ2種……92
- マクロビオティックパン2種……94
- マクロビオティックパンによく合うトッピング&おかず……96
- ふわふわモーニングパンケーキでフィッシュサンド/ふわふわモーニングパンケーキでホットク風……98
- マクロビオティックパンでカフェサラダ/マクロビオティックパンでパングラタン……99

作り置きできる副々菜❷ かんたん漬けもの&ふりかけレシピ……100

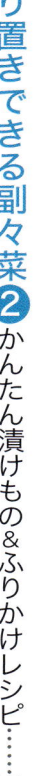

おいしいマクロビオティック 中華風のレシピ

おいしい中華風献立――朝・昼……108
おいしい中華風献立――夜……110

主菜 豆腐 レシピ
豆腐とブロッコリーのうま味炒め……112
豆腐と白菜の中華煮込み……114
豆腐ボールの中華揚げ……115

主菜 大豆 レシピ
大豆五目あんのマクロ春巻き……116
大豆とたけのこの中華みそ炒め……117

主菜 納豆 レシピ
セロリと大根のシャキシャキ納豆炒め……118
納豆と豆腐そぼろのレタス包み……119

主菜 白身魚 レシピ
白身魚と長ねぎの梅肉ソース炒め……120
白身魚のサクサクから揚げ……121

主菜 野菜 レシピ
シャキシャキ野菜炒め……122
干ししいたけとたけのこのみそがらめ蒸し……123

副菜 野菜・豆腐 レシピ
豆腐の棒々鶏風サラダ……124
レタスと長ねぎのあっさりサラダ／
にんじんのごま豆腐だれサラダ……125
春雨ときゅうりの甘酢あえ／
かぼちゃのごまあえ……126
豆腐と水菜の香味だれあえ……127

主食 玄米ごはん レシピ
マクロの麻婆丼……128
中華あんかけ丼……130
納豆チャーハン／
たっぷり野菜のうま味チャーハン……131

主食 麺類 レシピ
春雨で広東風麺……132
春雨と豆腐で坦々麺風／
オーガニック焼きそば……133

みそ汁・スープレシピ……134

おいしいマクロビオティック おやつ&デザートのレシピ

ケーキ・クッキー レシピ

かぼちゃと豆乳のベイクドケーキ風……140
ドライフルーツとナッツのケーキ……142
フレッシュジャムのミルクレープ……143
おからとレモンのクッキー……144
かぼちゃとかぼちゃの種のクッキー……145

ムース・ゼリー レシピ

白ごまのブラマンジェ風……146
あんずのプチムース……147
杏仁豆腐風くず餅……148
玄米寒天のあんみつ／梅じそゼリー仕立て……149

フルーツ レシピ

ベイクドアップル……150
いちごと豆乳でスムージー風／みかんのコンポート……151

豆・いも他 レシピ

小豆とプルーンのおはぎ……152
大学いも……154
そばまんじゅう……155
さつまいものきんつば風……156

材料別料理さくいん……157

● この本の使い方

・米1カップ＝炊飯器のカップ1杯＝180mlとしています。
・計量単位は、1カップ＝200ml、大さじ1＝15ml、小さじ1＝5mlとしています。
・材料は2人分をきほんとしています。
・エネルギーはすべて1人分を表わしています。

マクロビオティックの
きほん

マクロビオティックを楽しむために、きほんをおさえておきましょう。考え方はもちろん、食材や調味料の選び方、下ごしらえや調理のきほんを理解することが、最初の一歩。無理せず、できるところからはじめましょう。

1. 献立とすすめ方………10
2. 食材・調味料のこと………12
3. 調理のきほん―下ごしらえ・加熱調理………14
4. 調理のきほん―だしをとろう………16
5. 玄米ごはんの炊き方………18
6. 玄米がゆの炊き方………20

マクロビオティックのきほん 1

献立とすすめ方

マクロビオティックを長続きさせるためには、最初から無理は禁物。玄米をたっぷり食べてバランスのよい食事を心がけましょう。

たっぷりの玄米ごはん、野菜、豆、海藻をバランスよく食べる

主食・主菜・副菜・副々菜・汁ものがきほん

献立を考えるときは、主食、主菜、副菜、副々菜、汁ものをきほんに組み立てましょう。マクロビオティックの主食は穀類。主に玄米ですが、食事量の割合でいうと、全体の50〜60％の割合がベスト。主菜、副菜、副々菜でとる野菜は20〜30％、豆類や海藻類で5〜10％、そして汁ものと考えます。たっぷりの玄米と少しのおかずとおぼえておきましょう。

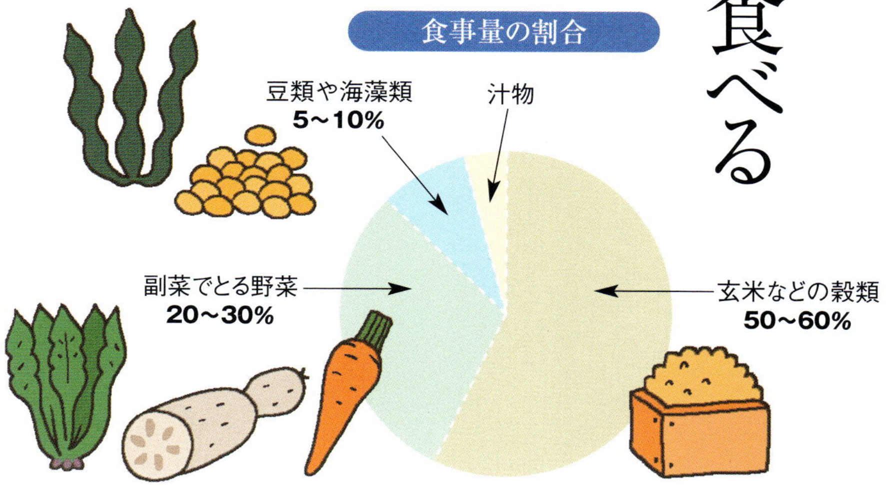

食事量の割合

- 玄米などの穀類 50〜60%
- 副菜でとる野菜 20〜30%
- 豆類や海藻類 5〜10%
- 汁物

マクロビオティックのきほん 1 《献立とすすめ方》

まずは1日1食からはじめましょう

無理せず、ゆっくりすすめましょう

普通の白米食から、玄米食にかえるのに抵抗があるという人は多いかもしれません。ぼそぼそして食べにくそう、1日3食続けるのは自信がない…という人は、まずは1日1食を玄米食に変えるところから始めましょう！

週末マクロのすすめ

毎日忙しくて、平日はちょっと無理そう…という人は、週末を利用してマクロビオティックを実践してみましょう。土日だけでも、確実に体調の変化に気付くはずです。

魚など動物性食品も週2回を目安に

マクロビオティックでは、肉や魚、乳製品などの動物性たんぱく質はなるべく控えますが、慣れるまでは、少しずつ減らしていくのが長続きの秘けつです。新鮮で脂肪が少なく、消化のよい白身魚や近海でとれる小さめの魚なら、週2回程度を目安にどうぞ。

1日1食の献立例

朝
- ごま塩おにぎり（玄米）
- 豆腐とわかめの麦みそ汁
- きんぴらごぼう
- 焼きのり
- たくあん（無添加のもの）

昼・夜
普通の食事
なるべく有機野菜を多めにバランスのよい食事を心がけて

なるべく避けた方がいい食品

● **日本では採れないもの**
南国の果物、はちみつ、コーヒーなど

● **日本人がかつては食べなかったもの**
肉、動物性脂肪、乳製品、極端に辛いスパイスやハーブなど

● **化学的に加工されたもの**
精製砂糖、チョコレート、化学調味料など

少量なら食べてもいい動物性食品

白身魚

じゃこなどの小魚

マクロビオティックのきほん ②

食材・調味料のこと

食材は、なるべく有機のものを選び、調味料も無添加のものを選ぶようにしましょう。野菜や豆だけでもおどろくほど、おいしく感じることができるはず。

国産の旬の食材がきほん

身土不二(しんどふじ)

土地柄と季節に合った食べ物を！

マクロビオティックのきほんとして、大切なことのひとつに「身土不二」があります。その土地で採れた食べ物を旬のおいしい時期に食べることが大切。日本ほど食料を輸入に頼っている国もありませんが、そのような食事情と食生活が自然に反しており、人間の身体のバランスが崩れ、病気を引き起こす原因になると考えられています。

身土不二って？
「身体(身)と環境(土)は、バラバラではない(不二)」という意味で、季節に採れる土地のもの、つまり国産品の旬のものを食べていれば自然に反さないということ。

なるべく有機野菜を選びましょう。

食材を選ぶときのポイントとして「無農薬有機栽培のもの」があげられます。農薬や化学肥料は体に悪影響を及ぼすだけでなく、地球環境までも汚染する原因です。平成12年度には日本農林規格（JAS）法が改正され、より厳しい審査の上で有機、オーガニック食品を選ぶことが可能になりました。なるべく安心、安全な食材を選ぶようにしましょう。

無農薬有機栽培って？
農薬や化学肥料を一切使わずに栽培すること。この栽培を一定の農場で3年間以上続け、厳しい検査を通ったものだけが「有機JASマーク」がつけられます。

旬の食材一覧

春	夏	秋	冬
にんじん・菜の花・クレソン・大根・万能ねぎ・春ごぼう・三つ葉・新玉ねぎ・キャベツ・貝割れ大根・さやえんどう・さやいんげん・セロリ・かぶ・れんこん・カリフラワー・ブロッコリー・スナップえんどう・長ねぎ・たけのこ・白菜・小松菜・そら豆・ルッコラ・グリーンピース	とうもろこし・ラディッシュ・レタス・きゅうり・かぼちゃ・枝豆・とうがん・じゅんさい・ルッコラ・みょうが・しょうが・青じそ	栗・生しいたけ・まいたけ・しめじ・えのきだけ・エリンギ・山いも・ごぼう・れんこん・かぼちゃ・菊の花	白菜・長ねぎ・春菊・ほうれん草・小松菜・大根・ブロッコリー・カリフラワー・水菜・ゆり根・ゆず

※西洋野菜や中国野菜は、日本に根づいている国産のものなら問題ありません。

無添加・自然仕込みの調味料を選びましょう

玄米菜食だからこそ、調味料にこだわりましょう。化学調味料を使わない無添加のもの、精製されていないものなどをポイントに選びましょう。

マクロビオティックのきほん 2 〈食材・調味料のこと〉

しょうゆ

選び方のポイント
「丸大豆、丸小麦、自然海塩、水」が原料のものを。昔ながらの製法で1〜3年熟成されたものを選んで。

有機しょうゆ／なるべく原料が有機のもので無添加のものを選んで。自然に発酵させた天然醸造のもので、長期熟成ものがおすすめ。

塩

選び方のポイント
海水から作られる自然海塩がおすすめ。60種類ものミネラルを含み、料理をまろやかにおいしく仕上げます。

天然海塩／工場で作られるものではなく、自然の海水から作られる「自然海塩」が一番。ほのかな甘みやうま味が料理を一層おいしくしてくれます。

酢

選び方のポイント
「米、麦、とうもろこし」などの原料が無農薬有機栽培のものを。マクロビオティックでは米酢より、玄米酢や梅酢が◎。

梅酢／梅と自然海塩を原料としたものを選んで。梅干しを作るときにできる酢で赤い色としその香りが特徴。漬けものやあえもの、酢めしなどに。

玄米酢／玄米を原料として発酵させているので、ビタミンやミネラル、アミノ酸が豊富です。疲労回復効果も。

みそ

選び方のポイント
「大豆、こうじ、塩」を原料として2〜3年ほど、じっくりと熟成された無添加のみそがおすすめ。たんぱく質摂取にも◎。

豆みそ／厳選した丸大豆を原料にして、蒸した大豆にこうじと塩を仕込み、長期間熟成させたもの。

米みそ／米こうじを使って作ったみそのこと。大豆を使用せず米穀を主原料にしたものもある。

麦みそ／丸大豆と裸麦、自然塩を使用してじっくり長期間熟成させたみそ。無添加のものを選んで。

甘み

選び方のポイント
ブドウ糖などの単糖類がたくさんつながった多糖類の穀物から作った甘みを選びます。消化、吸収がゆっくりなのが特徴。

甜菜糖／さとうだいこん(甜菜)から未精製のまま作られる砂糖。ビタミンやミネラル、オリゴ糖が豊富。

メープルシロップ／樹液を煮詰めて作られるメープルシロップは、ミネラルが豊富で低カロリー。オーガニックのものを選んで。

米あめ／もち米と大麦麦芽を原料として作られた米あめ。体内への吸収が穏やかなのが特徴。

油

選び方のポイント
大量生産で作られる油ではなく、薬品処理や高熱処理を受けていない、伝統的な圧搾法で搾られた油を選んで。

なたね油・コーン油／なたねの種やとうもろこしから作られた油。ビタミンE、Kが豊富。

オリーブ油／有機オリーブを自然の方法で搾って作られたものがおすすめ。香りがあり、コクがあるので洋風料理に。

ごま油／丁寧に炒ったごまを自然の方法で搾って作られたもの。

マクロビオティックのきほん ③

調理のきほん
──下ごしらえ・加熱調理

マクロビオティックを実践するにあたって、まずは下ごしらえや加熱調理のコツを学びましょう。食材を丸ごといただくおいしさを知りましょう。

皮や芯、根も丸ごと食べましょう

一物全体（いちぶつぜんたい）

皮をむかずに全てをいただきます

「一物全体」という「ひとつのものを丸ごと食べる」という考え方がマクロビオティックにはあります。だからこそ、精白していない玄米をすすめています。もちろん、野菜の皮や根も捨てずに丸ごと全てをいただきましょう。皮つきのままを料理に使えば、味にも深みができますし、栄養も丸ごといただけます。

また、いつも何気なく捨ててしまう芯や根の部分も工夫していただきましょう。芯は薄切りにして炒めものや汁ものに、根の部分は刻んで炒めものや煮浸しにもおいしく利用できます。また、むいたあとの皮を炒めてきんぴらや漬けものにしたりなど、料理によってアレンジしましょう。皮、芯、根も残さず全てをいただけば、調理の手間やゴミも減るなど、これこそがエコロジーな考え方なのです！

> **一物全体って？**
> 「一物全体」とは「ひとつのものを丸ごと食べる」という意味。生命のあるものはすべてその物ひとつで調和が保たれているという考え方のもとから、食物のすべて（皮、根、芯、アクなど）を丸ごと食べることで体のバランスを保つ方法。ゆでこぼしたり、アクを抜かず、素材の成分をなるべく逃さないような工夫を。

皮や芯、根の使い方

- にんじんの皮はキンピラに
- 大根の皮は刻んで漬けものに
- キャベツの芯は刻んでみそ汁の具に
- 長ねぎの根は野菜と共にスープのだし汁に

下ごしらえのきほん

マクロビオティックを実践するなら、まずは下ごしらえのきほんをおさえましょう。野菜の扱いは特に大切になってきます。皮をむかないのはもちろん、洗い方、切り方、アクの処理の仕方などマクロビオティックならではの調理のきほんをしっかりおぼえて。

切る
ポイントは「野菜をつぶさずに切ること」。野菜に刃をあてて下方向にスライドさせて。

洗う
ボウルに水をはり、野菜を入れてふきんやスポンジでやさしく洗い、土を落とします。

ゆでこぼさない 
こんにゃくや小豆、野菜をゆでたときは、ゆでたあとの汁を捨て洗い流さないように。

アクはそのまま
ごぼうやれんこんなどのアクも身のうち。水にさらさず炒めるなどしてそのまま使います。

すりおろす
れんこんやにんじん、大根は皮つきのまますりおろします。滑らないからおろしやすい。

調理法を工夫しておいしく食べる

● **蒸す・ゆでる**
有機野菜をおいしく食べるなら、蒸す、ゆでるが一番。自然海塩やオリーブ油をかけるだけでおいしい。野菜の持つ風味を損なわないように過度の加熱はさけましょう。

● **煮る**
皮付きのまま煮るから煮崩れの心配は無用。厚揚げや油揚げと野菜を一緒に煮れば、コクも出ておいしく仕上がります。調味料にもこだわりましょう。

● **炒める・揚げる**
れんこんやごぼうはアクは抜かず、そのまま炒めて。揚げものの場合は、全粒粉をつけたから揚げや、天然酵母パン粉をつけて揚げるフライなど、素材のうま味を存分に味わえます。

● **生で**
有機野菜を生でいただくときは、よく洗いましょう。にんじんなどはピーラーなどで皮をむき、皮もそのままサラダにしていただきましょう。豆や豆腐、海藻を合わせてバランスよく。

マクロビオティックのきほん 4

調理のきほん
——だしをとろう

マクロビオティックの味のきほんとなるだしをとりましょう。きほんの和風だしはもちろん、洋風、中華風のおかずに大活躍の洋風ブイヨン、中華だしを紹介。まとめて作って料理の幅を広げましょう。

和風だし（昆布と干ししいたけの混合だし）

和風のだしはかつお節はきほん的に使いません。昆布と干ししいたけがきほんです。水だし法と煮だし法をおぼえておきましょう。

材料
- 水…2カップ（400ml）
- 昆布…10cm1枚
- 干ししいたけ…2枚

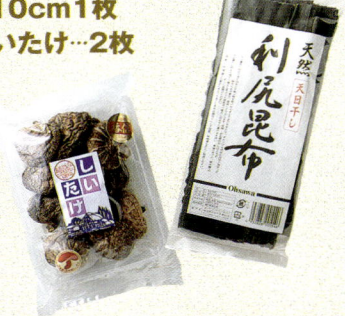

煮だし法

1 昆布と干ししいたけは十分に水に浸たした後、火にかけ、煮立つ寸前に昆布を引き上げる。

2 さらに10分ぐらい煮てしいたけを引きあげる。

水だし法

昆布と干ししいたけの混合だし
干ししいたけは長時間浸水するとうま味とともに香りも出ます。前日から浸水するのがおすすめです。

昆布だし
水2カップに対して10cmの昆布1枚を入れ、長時間浸水させる。汁もの、煮ものやスープなどに。

洋風ブイヨン

マクロビオティックのおかずをもっとおいしくするために、野菜で洋風ブイヨンをとりましょう。製氷器に流し入れて冷凍保存が便利!

材料
- 玉ねぎ…1個
- キャベツ…3枚
- にんじん…½本
- 水…4カップ(800ml)

1 玉ねぎ、キャベツ、にんじんはみじん切り、またはフードプロセッサーにかけて細かくする。

2 鍋に水と1を入れて強火にかけ、煮立ったら弱火にして15分ほど煮てザルで漉す。

残った材料の利用法

ごま油で炒めてしょうゆ、みりんで味つけして、ファイバーふりかけに!

チャーハンの具に加えるとおいしい!

中華だし

マクロビオティックで中華も食べたいなら、だしをとるところからはじめましょう。うま味たっぷりの干ししいたけ、長ねぎ、しょうがだけでかんたん。

材料
- 水…4カップ(800ml)
- 干ししいたけ…4枚
- 長ねぎ(青い部分)…1本分
- しょうが(薄切り)…1片分
- 酒…大さじ2

1 鍋に水と干ししいたけを入れて戻したら、長ねぎ、しょうが、酒を加えて煮立たせる。

2 煮立ったら弱火にして15分ほど煮てザルで漉す。製氷機に流し込んで冷凍保存が便利。

残った材料の利用法

干ししいたけはみじん切りにして、スープの具に

残った干ししいたけは佃煮にする

マクロビオティックのきほん 5

玄米ごはんの炊き方

マクロビオティックの毎日の主食に欠かせない玄米。だからこそ、おいしい炊き方を覚えておきましょう。お好みや体質によって鍋や炊き方にアレンジを。

玄米ごはんを炊く前に

もみから殻をとったものが玄米です。白米にはない表皮、胚芽、ぬか層に栄養がたっぷり詰まっています。玄米をおいしく炊くために、洗い方などのポイントをおさえて。栄養を逃さないようにやさしく扱いましょう。

1 虫食いをすてる

手のひらに玄米をのせて、殻のついたもの、虫食いなどを取り除いて捨てます。

2 洗う

ボウルに玄米を入れ、水を流し入れてやさしく混ぜるようにくるくる回すとゴミやほこりが出てくるので取り除きます。

3 ザルにあげる

2〜3回洗って水を替えたら、ザルにあげて水けをきります。

土鍋で炊く

土鍋で炊いた玄米はふっくらとした炊きあがりになります。なるべく深めのタイプで木栓つきの土鍋がおすすめ。

4

土鍋に玄米2合と水（玄米の1.5〜1.8倍）を入れ、2〜6時間浸水し、塩をひとつまみ加えて蓋をし、ごく弱火で10分ほどかけてから中火にし、30〜40分炊く。

5

うっすらとかに穴がみえてきたら、とろ火にして木栓をし、さらに1時間炊く（木栓がなくてもOK）。最後に30秒ほど中火にしてから火を止め、10分ほど蒸らす。

圧力鍋で炊く

もっちりとしてやわらかい玄米が炊きあがります。しかも浸水しなくていいから、思い立ったらすぐに玄米ごはんが食べられます。

4 圧力鍋に玄米2合と水2⅗カップを入れて塩をひとつまみ加え、蓋をして火にかけ、圧力がかかったら弱火にし、20分ほど炊く。

5 火からおろし、圧が抜けるまで放置し、ふたをあけてしゃもじで下のほうからすくって混ぜる。

炊飯器で炊く

さらっとした炊きあがり。最近では玄米炊き機能がついているものが増えています。浸水時間を守ることが最大のポイント!

玄米炊きなし

4 炊飯器に玄米2合、水(玄米の1.5〜1.8倍)を加えてひと晩おき、塩をひとつまみ加え、スイッチを入れて炊き、一度混ぜたあと、足し水をしてもう一度スイッチを入れ二度炊きをする。

玄米炊きあり

4 炊飯器の内釜に玄米2合を入れ、目盛りに合わせて水を加える。スイッチを入れて炊き、炊きあがったらしゃもじで下のほうからすくって混ぜる。

おいしい保存法

あつあつのうちにラップに包んで

しっかり蒸らして全体を混ぜ合わせたら、あつあつのうちにラップに包むことがポイント。粗熱がとれてから冷凍ポリ袋に入れて冷凍保存がおすすめ。

しっかり蒸らすことがポイント!

炊きあがったらしっかりと蒸らすことがポイント。蒸らし終わったら、しゃもじで下の方からぐるりと玄米ごはんの上下を入れ替えるように混ぜましょう。

マクロビオティックのきほん 6

玄米がゆの炊き方

玄米がかたくて苦手という人は、玄米がゆから始めるのもよいでしょう。消化もいいから朝食にもおすすめです。

玄米がゆを炊く前に

きほんは玄米ごはんと同じ。殻のついたものや虫食いをよけて、ボウルに入れます。水を注いでやさしく混ぜるようにしてくるくるとまわし、浮いてきたゴミやほこりを取り除き（これを2～3回くり返す）、ザルにあげて水けをきっておきます。

材料 1～2人分
- 玄米…1/2合
- 水…3カップ
- 塩…小さじ1/2

1 鍋にザルにあげた玄米、水を入れ、塩を加えて蓋をして中火にかける。

2 蒸気があがってきたら、一瞬火を止め、弱火にして2時間ほど炊く。

玄米がゆバリエ

なめたけと青菜の玄米がゆ

材料と作り方
玄米がゆは普通に炊く。青菜（小松菜、春菊など）をさっとゆでて食べやすい大きさに切り、玄米がゆにのせ、なめたけをのせる。

えごまの玄米がゆ

材料と作り方
玄米がゆは普通に炊く。えごまの種をフライパンでから炒りし、玄米がゆにふりかけ、自然海塩、ごま油をふる。えごまはすってもおいしい。

おいしい
マクロビオティック

和風のレシピ

献立	おいしい和風献立	22
主菜	豆腐レシピ	26
主菜	大豆・豆類レシピ	32
主菜	納豆レシピ	34
主菜	テンペ・コーフーレシピ	36
主菜	白身魚レシピ	38
主菜	野菜レシピ	40
副菜	野菜・豆レシピ	42
主食	玄米ごはんレシピ	46
主食	麺類レシピ	50

おいしい和風献立

主食	玄米ごはん
汁もの	おいもとかぼちゃのホクホク汁（作り方P135）
副菜	大豆の五目煮（作り方P42）
副々菜	キャベツのシンプル漬け（作り方P101）
副々菜	ごま塩（作り方P104）

朝

献立のポイント

大豆と野菜、いも、海藻類をバランスよく

忙しい朝は、なるべく作り置きできる常備菜をメインにすると準備がラク。野菜と豆と海藻がたっぷり入った大豆の五目煮に、漬けものを合わせれば完璧！

おいしい和風献立

主食	カリカリ梅と白ごまの玄米ごはん（作り方P49）
主菜	高野豆腐と青菜のしょうが炒め（作り方P30）
副菜	たたきごぼうのごまあえ（作り方P44）
副々菜	にんじんと大根のレモン漬け（作り方P100）

献立のポイント

お弁当にもピッタリのバランス献立！

玄米の混ぜごはんをメインに、高野豆腐の炒めもの、根菜のあえもの、漬けものとバランスのよい献立。冷めてもおいしいからお弁当にぴったり！

おいしい和風献立 夜 1

主食	主菜	白身魚の豆乳鍋＆おじや (作り方P39)
副菜		焼きかぼちゃの香味ごまふりかけ (作り方P45)
副々菜		叩ききゅうりの梅しそ漬け (作り方P101)

献立のポイント

白身魚は控えめに、野菜をたっぷりとって

週に1〜2回は白身魚を食べてもOKですが、豆乳鍋の白身魚は控えめに。野菜をたっぷり添えて自然にできたゆばも残さず食べましょう。

おいしい和風献立

主食	副菜	汁なし四国風かき揚げうどん（作り方P50）
主菜	豆腐とコーフーで肉豆腐風（作り方P29）
副菜	ひらひらにんじんの酢の物（作り方P45）
副々菜	白菜のうま味漬け（作り方P101）

献立のポイント

麺類はたんぱく源になるおかずをプラス

麺類はついつい単品ですませてしまいがちですが、それでは栄養が偏ってしまいます。たんぱく源になる豆腐のおかずや、野菜の副菜を添えて。

夜2

主菜 和風

豆腐

豆腐は身近で使いやすい豆製品。大切なたんぱく源なので、工夫していただきましょう。絹よりカルシウムなどが多い木綿がおすすめ。

木綿豆腐
木綿の布を敷いた容器に豆乳と凝固剤を混ぜ合わせたものを崩し入れ、固めたもの。

蒸し豆腐の有機野菜あんかけ

たっぷり野菜がおいしいボリューム主菜

203kcal

材料（2人分）
- 木綿豆腐…1丁
- ごぼう…1/2本
- にんじん…1/4本
- さやいんげん…6本
- しょうが…1片
- 干ししいたけ（乾燥）…2枚
- ごま油…小さじ1
- a [混合だし（作り方P16）…1/2カップ（100mℓ）
     薄口しょうゆ…大さじ1 1/2
     みりん…大さじ1]
- くず粉…適量

作り方
1. 木綿豆腐は縦半分に切って1cm幅に切り、耐熱皿に並べて蒸し器に入れて5分ほど蒸す。
2. ごぼう、にんじんはささがき、さやいんげんは斜めに切る。しょうがはせん切りにする。
3. 干ししいたけは水に浸して戻し、石づきを切り落としてからそぎ切りにする（戻し汁100mℓはとっておく）。
4. フライパンにごま油を熱し、**2**と**3**の干ししいたけを加えて炒め合わせる。
5. **4**に**3**の干ししいたけの戻し汁と**a**を加えてひと煮立ちさせてから、同量の水で溶いたくず粉を加えてとろみをつける。
6. 器に水けをきった**1**を盛り、**5**をかける。

くず粉
くずの根からとれるでんぷん。片栗粉の代わりにとろみをつけるときに使われる。

ひと煮立ちさせてから、水溶きくず粉を流し入れるのがコツ。

献立のヒント

海藻やいもなどを使ったおかずと合わせて。

主食	玄米ごはん＋ごま塩（P104）
汁もの	ねばねば長いものみそ汁（P135）
主菜	蒸し豆腐の有機野菜あんかけ
副々菜-1	ひじきの梅煮（P55）
副々菜-2	キャベツのシンプル漬け（P101）

和風 主菜 豆腐

蒸し豆腐の有機野菜あんかけ

27

材料（2人分）
- 昆布…10cm
- 絹ごし豆腐…1丁
- 長ねぎ…5cm
- 根三つ葉…3本
- a
  - 昆布だし（作り方P16）…¼カップ（50ml）
  - しょうゆ…大さじ1
  - みりん…大さじ1
  - 甜菜糖…大さじ1
- b
  - 白練りごま…大さじ2
  - 昆布だし（作り方P16）…大さじ1½
  - 甜菜糖…大さじ1½
  - しょうゆ…大さじ1
- 白いりごま・みょうが・青じそ・梅干し…各適量

作り方
1. 昆布は塗れ布巾などでさっと拭いてから土鍋に敷き、4等分に切った絹ごし豆腐をのせ、かぶるくらいの水（分量外）を加え、中火にかけて温める。
2. 長ねぎ、根三つ葉はみじん切りにし、**a**と合わせて耐熱容器に入れ、**1**に器ごと浸して温める。
3. **b**はよく混ぜ合わせる。
4. 白いりごまはフライパンで炒り、みょうが、青じそはせん切り、梅干しは種を取り除いてよく叩き、それぞれ器に盛る。
5. 取り鉢に豆腐を取り分け、**2**と**3**のたれと**4**の薬味をお好みで添える。

特製香味だれの湯豆腐
香味だれとごまだれの2種類で召し上がれ！

222kcal

香味だれ＆ごまだれ
香味だれはあつあつにして、
ごまだれは常温で。

和風 / 主菜 / 豆腐

マクロ ＆ 栄養コラム
豆腐イソフラボンと美容の話

大豆製品に含まれるイソフラボン効果で更年期障害の予防に

大豆や豆製品に含まれるイソフラボンは、抗酸化物質ポリフェノールの一種「フラボノイド系」のもの。抗酸化作用もさることながら、女性ホルモンと似たはたらきを持つため、更年期障害などの要因となる女性ホルモンのバランスを保ちます。但し、とりすぎはホルモンバランスを崩す原因にもなるので注意しましょう。

豆腐とコーフーで肉豆腐風
コーフーはしょうゆ味がしみておいしい

254kcal

材料（2人分）
・焼き豆腐…1丁
・コーフー…100g
・しょうが…1片
・ごま油…小さじ2
a ┌ 混合だし（作り方P16）
　│ …1カップ（200㎖）
　│ しょうゆ…大さじ2
　└ 甜菜糖…大さじ1

作り方
1. 焼き豆腐は8等分に切り、コーフーは食べやすい大きさに切る。
2. しょうがはみじん切りにする。
3. 鍋にごま油を熱して**2**を香りがでるまで炒める。
4. **3**に**1**を加えてさっと炒め合わせてから**a**を加えて落とし蓋をし、煮立ったら弱火にして煮含める。

コーフー
植物性たんぱく質で、小麦粉のグルテンのこと。動物性たんぱくに比べても勝るとも劣らない栄養価を持ち、噛み応えもあるので、肉の代わりに。

> 献立のヒント
>
> **野菜＆海藻をたっぷり組み合わせたメニューがおすすめ。**
>
> 主食　カリカリ梅と白ごまの玄米ごはん（P49）
> 汁もの　糸寒天のみそ汁（P135）
> 主菜　豆腐とコーフーで肉豆腐風
> 副菜　焼きかぼちゃの香味ごまふりかけ（P45）
> 副々菜　のりの佃煮（P56）

特製香味だれの湯豆腐／豆腐とコーフーで肉豆腐風

材料（2人分）

- 高野豆腐（乾燥）…2枚
- 小松菜…½束
- 塩…少々
- しょうが…1片
- ごま油…大さじ1
- a ┃ 昆布だし（作り方P16）…½カップ（100mℓ）
    ┃ しょうゆ…大さじ1½
    ┃ みりん…大さじ1

作り方

1. 高野豆腐は水に浸して戻し、よく洗ってから絞り、半分の厚さに切ってから5mm幅に切る。
2. 小松菜はざく切りにして塩をふり、しょうがはせん切りにする。
3. 鍋にごま油を熱して**2**を炒め、しんなりしてきたら**1**を加えて炒め合わせる。
4. **3**に**a**を加え、ゆっくり煮含めてから器に盛る。

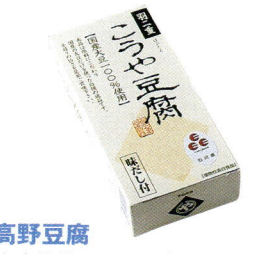

高野豆腐
冷凍乾燥させた豆腐のこと。カルシウム、鉄などのミネラルが豊富。野菜と組み合わせてバランスよく。

高野豆腐と青菜のしょうが炒め
シャキシャキ青菜としょうが風味がポイント

214kcal

和風 / 主菜 / 豆腐

高野豆腐と青菜のしょうが炒め／高野豆腐と根菜のかき揚げ

高野豆腐と根菜のかき揚げ
高野豆腐の食感とサクサク衣が絶品

388kcal

材料（2人分）
- 高野豆腐（乾燥）…1枚
- a
  - 昆布だし（作り方P16）…½カップ（100㎖）
  - しょうゆ…小さじ2
  - みりん…大さじ2
- にんじん…¼本
- ごぼう…½本
- 全粒粉…小さじ2
- b
  - 全粒粉…大さじ3
  - 水…¼カップ（50㎖）
- コーン油…適量
- c
  - 混合だし（作り方P16）…½カップ（100㎖）
  - しょうゆ…大さじ1⅔
  - みりん…大さじ1⅔
  - 塩…少々
- 塩…少々

作り方
1. 高野豆腐は水に浸して戻し、よく洗ってから絞り1cm角に切る。鍋でaを煮立たせて高野豆腐を加えて煮含める。
2. にんじん、ごぼうはささがきにする。
3. ボウルに煮汁をきった1と水けをきった2を入れ、全粒粉を加えてさっと混ぜ合わせる。
4. 別のボウルにbを合わせ、3を加えて混ぜ合わせ、適量すくってから170℃に熱したコーン油でカラッと揚げる。
5. cは合わせてひと煮立ちさせ、粗熱をとっておく。
6. 4を器に盛り、5または塩を添える。

全粒粉
小麦の胚乳、ふすま、胚芽もまるごと粉にしたものが全粒粉。食物繊維、ミネラルが豊富。揚げ物も味わい深い仕上がりに。

主菜 和風

大豆・豆類

動物性たんぱく質の代わりに大豆やガルバンゾーなどの植物性たんぱく質が重要です。炒めもの、サラダ、揚げものなど、メニューに幅を広げて。

大豆・ガルバンゾー
大豆は「畑の肉」といわれるほど、良質たんぱく質を含み、イソフラボンも豊富。ガルバンゾーは別名ひよこ豆。ほくほくとした食感が特徴。

大豆とさやいんげんのみそ炒め
コックリみそ味がおいしいおかず

313kcal

材料（2人分）
- 大豆（乾燥）…2/3カップ
- さやいんげん…10本
- しょうが…1片
- ごま油…大さじ1
- a
  - 混合だし（作り方P16）…1/2カップ（100ml）
  - みそ…大さじ2
  - 甜菜糖…大さじ1
  - しょうゆ…大さじ1
  - みりん…大さじ1

作り方
1. 大豆はたっぷりの水にひと晩浸してから強火にかけ、煮立ったら中火にしてやわらかくなるまで30分ほどゆでる。
2. さやいんげんは斜めに切り、しょうがはみじん切りにする。
3. フライパンにごま油を熱し、**2**を炒め合わせてから水けをきった**1**を加えてさらに炒め合わせる。
4. **3**に**a**を加えて味をととのえる。

ガルバンゾーのがんも風
お豆の味がしっかりしたふわふわ揚げ

235kcal

材料（2人分）
- ガルバンゾー（乾燥）…1/2カップ
- 木綿豆腐…1/3丁
- 塩…小さじ1/2
- ひじきの煮物（作り方P54）…30g
- a
  - しょうゆ…小さじ2
  - みりん…小さじ1
  - 甜菜糖…小さじ1
  - 全粒粉…小さじ2
- コーン油…適量

作り方
1. ガルバンゾーはたっぷりの水にひと晩浸してから強火にかけ、煮立ったら中火にしてやわらかくなるまで30分ほどゆでる。
2. 木綿豆腐は水きりをする。
3. **1**は水けをきって熱いうちにつぶし、**2**と塩、ひじきの煮物、**a**を加えて混ぜ合わせる。
4. **3**をひと口大に丸め、170℃に熱したコーン油でカラッと揚げる。

コーン油
胚芽に含まれる天然のステロールが豊富な食用とうもろこし油。香ばしい風味が特徴。

| 和風 |
| 主菜 |

大豆・豆類

大豆とさやいんげんのみそ炒め／ガルバンゾーのがんも風

焼きれんこんの香味納豆がけ

歯ごたえがいいれんこんと納豆の相性は抜群！

163kcal

材料（2人分）
- れんこん…1/2節
- 長ねぎ…5cm
- みょうが…1個
- 青じそ…2枚
- 納豆…1パック
- a
  - 白ごま・甜菜糖…各小さじ1
  - 昆布だし（作り方P16）…大さじ1
  - しょうゆ…小さじ2
- コーン油…大さじ1

作り方
1. れんこんは2cm厚さの輪切りにする。
2. 長ねぎ、みょうが、青じそはみじん切りにし、納豆と**a**を加えてよく混ぜ合わせる。
3. フライパンにコーン油を熱して**1**を焼き、焼き色がついたら裏返して蓋をし、中火にして中まで火を通す。
4. 器に**3**を盛り、**2**をかける。

主 菜
和 風

納豆

納豆も豆類に並んで重要なたんぱく源。ナットウキナーゼという酵素は心筋梗塞予防に効果的。あえもの、炒めものなどバリエーションを広げて。

有機納豆
蒸し大豆に納豆菌をふりかけ発酵させた糸引き納豆が一般的。有機にこだわって選びましょう。

和風 / 主菜 / 納豆

焼きれんこんの香味納豆がけ／みそ巻き納豆クレープ

みそ巻き納豆クレープ
八丁みそと納豆がよく合う！

386kcal

八丁みそ
蒸した大豆と塩、豆こうじのみで醸造する豆みその代表格。うま味は濃厚でコクがあり、甘味、苦味も備え持ちます。

材料（2人分）
a
- 全粒粉…50g
- 塩…少々
- 豆乳…1カップ（200㎖）

b
- 八丁みそ…大さじ1
- 甜菜糖…大さじ1
- 水…大さじ1⅓

- ごま油…小さじ1
- きゅうり…½本
- 長ねぎ…5㎝
- 納豆…2パック

作り方
1. **a**を混ぜ合わせ、テフロン加工のフライパンを弱火にかけて適量を流し入れて、クレープ状に4枚焼く。
2. 鍋に**b**を合わせ入れ、弱火にかけてよく練り合わせ、仕上げにごま油を加える。
3. きゅうりと長ねぎはせん切りにして水にはなし、水けをきる。納豆は添付のたれを加え、よくかき混ぜておく。
4. **1**に**2**を塗り、**3**をのせて巻く。

テフロン加工のフライパンに流し入れたら、回すように生地を広げて。

主菜 和風

テンペ・コーフー

マクロビオティックでは、肉や魚の代わりになる植物性たんぱく食品として料理に使います。調理法や味付けを工夫してどんどん取り入れましょう。

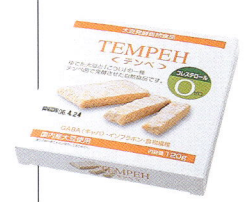

テンペ
インドネシアの伝統食品で、大豆をテンペ菌で発酵させたもの。納豆と違って粘り気がなく、味も淡泊。

コーフー
植物性たんぱく食品。本書では味のついていないタイプを使用。昆布だしや天然醸造しょうゆなどで長時間煮込んだものもある。

テンペと長ねぎでねぎま風
噛みごたえ満点のテンペでボリュームも満点

147kcal

材料（2人分）
- テンペ…100g
- 長ねぎ…1本
- a
  - しょうゆ…大さじ2
  - 甜菜糖…大さじ2

作り方
1. テンペはひと口大に切る。
2. 長ねぎは4cm長さのぶつ切りにする。
3. aは鍋でひと煮立ちさせておく。
4. 1と2を交互に竹串に刺し、3のたれをからませて、魚用グリルまたは、オーブントースターでこんがり焼き上げる（途中、刷毛でたれを塗りながら焼くと味がしっかりとつく）。

コーフーのから揚げ

鶏のから揚げみたいな弾力とうま味!

189kcal

材料(2人分)
- コーフー…160g
- a
  - しょうゆ…大さじ1½
  - みりん…大さじ1
  - 酒…大さじ½
  - おろししょうが…小さじ½
- 全粒粉…適量
- コーン油…適量
- キャベツ・レモン…各適量

作り方
1. コーフーはひと口大に切り、合わせた**a**を加えてよくもみ込む。
2. **1**に全粒粉をまぶし、170℃に熱したコーン油でカラッと揚げる。
3. キャベツはせん切り、レモンはくし形に切る。
4. 器に**2**と**3**を盛る。

全粒粉
揚げものの衣に使えば、素材の味をしっかり引き出し、うま味をプラスしてくれます。

主菜 和風

白身魚ときのこの紙包み蒸し
蒸し器で蒸すから、とってもヘルシー！

99kcal

材料（2人分）
- 白身魚（切り身）…2切れ
- 酒・塩…各少々
- しいたけ…2枚
- まいたけ…½パック
- えのきだけ…½パック
- a
  - ゆずの絞り汁…小さじ1
  - 酢…小さじ1
  - しょうゆ…大さじ1
  - 甜菜糖…小さじ1

作り方
1. 白身魚は酒、塩をふっておく。
2. しいたけ、まいたけ、えのきだけは石づきを切り落として手で裂く。
3. クッキングシートに1と2をのせて包み、蒸し器に入れて10分ほど蒸す。
4. 3に合わせたaをかける。

白身魚

マクロビオティックでは、きほん的に動物性たんぱく質はとらない方がよいのですが、週に1～2回ほどならOK！魚の中でも、消化吸収のよい白身魚がおすすめ。

たらや鯛などの白身魚
白身魚は、たらや鯛、すずきやかれいなど種類もさまざま。

献立のヒント

紙包み蒸しが主菜の献立は、緑黄色野菜をたっぷり添えて。

- 主食　玄米ごはん
- 汁もの　とろろ昆布のお吸いもの（P136）
- 主菜　白身魚ときのこの紙包み蒸し
- 副菜　ブロッコリーの白あえ（P44）
- 副々菜　にんじんと大根のレモン漬け（P100）

和風 主菜

材料（2人分）
- 昆布…10cm角1枚
- 豆乳…2カップ（400mℓ）
- 水…1カップ（200mℓ）
- 白身魚（切り身）…2切れ
- 酒・塩…各少々
- 小松菜…½束
- 春菊…½束
- a
  - ゆずの絞り汁…大さじ1
  - 酢…大さじ1
  - しょうゆ…小さじ3
  - 甜菜糖…大さじ1

作り方
1. 昆布を塗れ布巾などでさっと拭いてから土鍋に入れ、豆乳と水を加えて温める。
2. 白身魚はひと口大に切り、酒と塩をふる。小松菜、春菊はざく切りにする。
3. 1に2を加え、火が通ったら取り分け、合わせたaを添える。豆乳は温めると湯葉ができるので、それも一緒に取り分ける。

※玄米ごはんを最後に加えておじやとしても楽しめます。

自然にできるゆばも残さず召し上がれ！

白身魚の豆乳鍋
ほろほろの白身魚と青菜をたっぷり召し上がれ！

240kcal

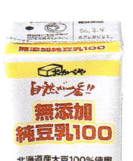

豆乳
無調整のものを選ぶのがポイント。有機大豆を使用しているものがおすすめ。

根菜のジュワッと揚げびたし
揚げたて、焼きたてを汁に浸して

317kcal

材料（2人分）
- にんじん…1/3本
- ごぼう…1/2本
- れんこん…1/2節
- さやいんげん…6本
- コーン油…適量
- 厚揚げ…1/2枚
- a
  - 混合だし（作り方P16）…1カップ（200ml）
  - しょうゆ…大さじ2
  - みりん…大さじ1
  - 甜菜糖…大さじ1/2

作り方
1. にんじん、ごぼう、れんこんは乱切り、さやいんげんは斜め半分に切る。
2. **1**は170℃に熱したコーン油で揚げる。
3. 厚揚げはひと口大に切ってオーブントースターで焼き色がつくまで焼く。
4. **a**を鍋に入れてひと煮立ちさせる。
5. **4**に揚げたての**2**と焼きたての**3**を浸す。味がなじんだら器に盛る。

主菜
和風

野菜

季節にとれる旬の野菜を上手に献立に取り入れましょう。葉菜、根菜、地上菜（かぼちゃ、キャベツなどの球型の野菜）をバランスよく取り入れて。

有機野菜
野菜は「無農薬有機栽培のもの」を選ぶことがポイント。

和風 | 主菜 | 野菜

材料 (2人分)

- 白菜…200g
- キャベツ…100g
- にんじん…¼本
- ブロッコリー…½株
- 長ねぎ…1本
- 生麩…100g

a <ごまだれ>
- 白練ごま…大さじ4
- 酢…大さじ2
- しょうゆ…大さじ2
- 甜菜糖…大さじ2

b <ポン酢しょうゆ>
- 昆布だし(作り方P16)…大さじ2
- しょうゆ…大さじ3
- ゆずの絞り汁…小さじ2
- 米あめ…小さじ2

- 昆布だし(作り方P16)…5カップ(1000ml)
- 玄米ごはん…茶碗軽く2杯分
- 塩…少々

作り方

1. 白菜、キャベツはざく切り、にんじんはピーラーで薄く削り、ブロッコリーは小房に分け、長ねぎは斜めにぶつ切り、生麩は薄切りにする。
2. **a**のごまだれ、**b**のポン酢しょうゆはそれぞれ材料を混ぜ合わせておく。
3. 土鍋に昆布だしを温め、**1**を加えて火を通し、取り分けて**2**を添える。
4. ひと通り食べ終わったら、玄米ごはんを**3**の土鍋に加え、余ったごまだれ、塩を加えて味をととのえ、雑炊を仕上げる。

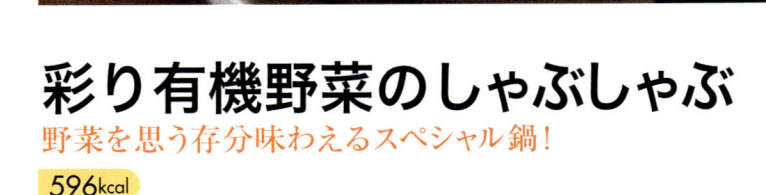

根菜のジュワッと揚げびたし／彩り有機野菜のしゃぶしゃぶ

彩り有機野菜のしゃぶしゃぶ
野菜を思う存分味わえるスペシャル鍋！

596kcal

ごまだれとポン酢しょうゆはぜひ、手作りで。

生麩(あわ麩)
小麦粉に含まれるたんぱく質から作った食品。もちもちした食感がおいしい。

副菜
和風

野菜・豆

副菜は、なるべく野菜をたっぷり取るようにしましょう。あえ衣に豆腐やごまを使って栄養バランスをアップさせましょう。

大根・にんじん・ごぼうなどの根菜類
根菜類は体を温める陽性の食べ物。泥付きや葉付きのものを選んで。

大豆の五目煮
これぞ、マクロビオティック定番の副菜！

144kcal

材料（2人分）
- 大豆（乾燥）…1/4カップ
- ごぼう…1/4本
- にんじん…30g
- こんにゃく…1/4枚
- 昆布…5cm角1枚
- 水…1 1/2カップ（300mℓ）
- a ┌ しょうゆ…大さじ2
  │ みりん…小さじ2
  └ 酒…小さじ2

作り方
1. 大豆はたっぷりの水にひと晩浸してから強火にかけ、煮立ったら弱火にしてやわらかくなるまで30分ほどゆでる。
2. 1をザルにあげて水けをきる。
3. ごぼう、にんじんは1cm角に切り、こんにゃくは1cm角に切ってから熱湯でさっとゆでてザルにあげ、水けをきる。
4. 昆布は分量の水に浸して戻し、1cm角に切る。戻し汁はとっておく。
5. 鍋に汁ごと4を入れ、2と3を加えて煮、野菜がやわらかくなったらaを加えて汁けがなくなるまで煮る。

ささがきごぼうとにんじんのきんぴら

せん切りにするより、ささがきのほうが簡単！

126kcal

材料（2人分）
- ごぼう…1本
- にんじん…30g
- ごま油…小さじ2
- a
  - しょうゆ…大さじ1
  - みりん…大さじ½
  - 米あめ…小さじ1

作り方
1. ごぼう、にんじんはささがきにする。
2. フライパンにごま油を熱し、1を炒め合わせる。
3. 2にaを加えて味をととのえる。

米あめ
もち米と大麦麦芽を原料としたとろりとした甘味調味料。くせのない甘味で、体内への吸収も穏やかなのが特徴。

野菜みそで！ふろふき大根

うま味たっぷりの野菜みそで、大満足の一品

180kcal

材料（2人分）
- 大根…6cm
- 昆布…5cm角1枚
- 玉ねぎ…½個
- 菜種油…小さじ2
- a
  - みそ…大さじ2
  - みりん…大さじ1
  - 酒…大さじ1
  - しょうゆ…小さじ1
  - 甜菜糖…小さじ2
- 落花生…5粒（10g）
- にんじん…適量

作り方
1. 大根は3cm厚さに切り、昆布と一緒に鍋に入れ、かぶるくらいの水を加えて火にかける。
2. 玉ねぎはすりおろし、菜種油を熱したフライパンで炒める。
3. 2にaを加えてよく混ぜ合わせてから火をとめる。
4. 落花生は殻をむいて砕く。にんじんは飾り切りにして熱湯でゆでてから水けをきる。
5. 1の大根がやわらかくなったら器に盛り、3のたれと4の落花生をかけ、にんじんを飾る。

菜種油
なたねの種子から作られた油。国産品を選んで。

たたきごぼうのごまあえ
味がしっかりしみておいしい一品

115kcal

材料（2人分）
- ごぼう…1本
- a
  - 白すりごま…大さじ1
  - みそ…大さじ1
  - 酒…小さじ1
  - しょうゆ…小さじ1
  - みりん…小さじ2
  - 甜菜糖…小さじ2

作り方
1. ごぼうは麺棒などで叩いてから3cm長さに切り、熱湯でゆでてからザルにあげて水けをきる。
2. **a**をよく混ぜ合わせてから**1**を加えてあえる。

ブロッコリーの白あえ
練りごまのコクがポイント

99kcal

材料（2人分）
- ブロッコリー…1/2株
- 木綿豆腐…1/4丁
- a
  - 薄口しょうゆ…小さじ2
  - 白練りごま…大さじ1
  - 甜菜糖…小さじ2

作り方
1. ブロッコリーは小房に分け、塩ゆでしてからザルにあげて水けをきる。
2. 木綿豆腐は熱湯でゆがき水けをきり、**a**を加えてなめらかになるまですり鉢で混ぜ合わせる。
3. **1**を**2**であえ、器に盛る。

白練りごま
白ごまをていねいにクリーム状になるまですりつぶしたもの。料理にコクを与えます。

和風 / 副菜 / 野菜・豆

ひらひらにんじんの酢の物

ピーラーでスライスするから簡単!

37kcal

材料(2人分)
- にんじん…1/2本
- a
  - しょうゆ…大さじ1
  - 玄米酢…小さじ2
  - 甜菜糖…小さじ2
  - 白いりごま…小さじ1

作り方
1. にんじんはピーラーで薄くスライスしてから、熱湯でさっとゆで、ザルにあげて水けをきる。
2. aをよく混ぜ合わせ、1に加えてあえる。

玄米酢
玄米を原料にした酢なので、ミネラル、ビタミン、アミノ酸が豊富。マクロビオティックに使うなら玄米酢がおすすめ!

たたきごぼうのごまあえ／ブロッコリーの白あえ／にんじんの酢の物／焼きかぼちゃ

焼きかぼちゃの香味ごまふりかけ

甘めの香味ごまがかぼちゃをもっとおいしく

174kcal

材料(2人分)
- かぼちゃ…200g
- コーン油…大さじ1
- 青じそ…3枚
- 白いりごま…大さじ1
- a
  - しょうゆ…大さじ2
  - 甜菜糖…小さじ1

作り方
1. かぼちゃは種を取り除いて1cm厚さに切り、コーン油を熱したフライパンでじっくりと焼く。
2. 青じそはみじん切り、白いりごまは刻み、aを加えて混ぜ合わせる。
3. 1を器に盛り、2をふりかける。

いりごま
生活習慣病を予防するほどの高い栄養価を誇る。有機栽培のものがおすすめ。

主食 和風

玄米ごはん

マクロビオティックの主食といえば、玄米。食事量の50〜60％の割合がベストなので、たっぷり食べましょう。

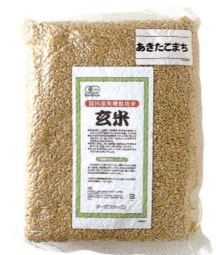

玄米
有機栽培でオーガニックのものが原則。少量ずつ購入して、新鮮なうちに食べ切るのがポイント。

白身魚と切り昆布の土鍋ごはん
香味焼きみそをつけてグンとおいしい！

692kcal

材料（2人分）
- 玄米…2合
- 水…3カップ（600mℓ）
- 白身魚（切り身）…2切れ
- 酒・塩…各少々
- 刻み昆布…5g
- 塩…小さじ1/4
- 長ねぎ…5cm
- 青じそ…3枚
- a
  - 白いりごま…小さじ1
  - みそ…大さじ1
  - みりん…小さじ2
  - 甜菜糖…小さじ2

作り方
1. 玄米は洗ってからザルにあげて水けをきり、土鍋に移して水を加えて2〜6時間ほど浸水する。
2. 白身魚は酒、塩をふる。
3. 1に2と刻み昆布、塩小さじ1/4を加えて蓋をし、弱火に10分ほどかけてから中火にし、30〜40分炊く。うっすらとかに穴が見えてきたら、とろ火にして木栓をし、さらに1時間炊く（木栓がなくてもOK）。
4. 最後に30秒ほど中火にしてから火を止め、10分ほど蒸らす。
5. 4を全体にしゃもじで混ぜ合わせながら魚をほぐす。
6. 長ねぎ、青じそはみじん切りにし、aを加えて混ぜ合わせ、アルミホイルに薄くのばしてオーブントースターで焼き色がつくまで焼く。
7. 5を器に盛り、6を添える。

混ぜ合わせた香味みそは、アルミホイルに薄くのばして。

献立のヒント
土鍋ごはんには、根菜類の副菜とお吸いものがよく合います。

主食	白身魚と切り昆布の土鍋ごはん
汁もの	焼き麩とごまのお吸いもの（P136）
主菜	根菜のジュワッと揚げびたし（P40）
副々菜	キャベツのシンプル漬け（P101）

和風 / 主食

玄米ごはん

白身魚と切り昆布の土鍋ごはん

五色納豆丼

ねばねば食材をたっぷりのせて

575kcal

材料（2人分）
- オクラ…4本
- 長いも…5㎝
- 万能ねぎ…2本
- 青じそ…3枚
- 納豆…2パック
- 白いりごま…小さじ2
- a［しょうゆ…大さじ1
  　みりん…小さじ1］
- 玄米ごはん…丼2杯分

作り方
1. オクラは塩ゆでしてから小口切り、長いもは皮をむいて1㎝角に切り、万能ねぎは小口切り、青じそはせん切りにする。
2. 1に納豆と白いりごまを合わせ、aで味をととのえる。
3. 器に玄米ごはんを盛り、**2**をかける。

和風 / 主食 / 玄米ごはん

きんぴら入り玄米いなり
ほんのり甘めのしょうゆ味がおいしい

405kcal

材料（2人分）
- 玄米ごはん
　…茶碗2杯分
- a　酢…大さじ1
　　甜菜糖…小さじ1
　　塩…少々
- きんぴらごぼう
　（作り方P43）…50g
- 白いりごま…小さじ1
- 油揚げ…2枚
- b　昆布だし（作り方P16）
　　…1/2カップ（100mℓ）
　　しょうゆ…大さじ1/2
　　みりん…大さじ1/2
　　甜菜糖…小さじ1/2

作り方
1. 炊きたての玄米ごはんに合わせた**a**を加えて混ぜ合わせる。
2. 1にきんぴらごぼう、白いりごまを加えて混ぜ合わせる。
3. 油揚げは半分に切り、熱湯をかけて余分な油を落とし、ひと煮立ちさせた**b**で煮汁が少なくなるまで煮る。
4. 3を袋状に開いて2を詰めて包む。

油揚げ
たんぱく質やカルシウム、鉄などが豊富。使う前には必ず油抜きを！

五色納豆丼／きんぴら入り玄米いなり／カリカリ梅と白ごまの玄米ごはん

カリカリ梅と白ごまの玄米ごはん
シンプルだけど、玄米がおいしく感じる

285kcal

材料（2人分）
- カリカリ梅…6個
- 白いりごま…小さじ2
- 玄米ごはん
　…茶碗2杯分
- 塩…ひとつまみ

作り方
1. カリカリ梅は種を取り除いて粗めに刻む。
2. 白いりごまは炒って刻んでおく。
3. 玄米ごはんに1と2を加えて混ぜ、塩で味をととのえる。

いりごま
マクロビオティックの中で陰陽のバランスがよく、一番いい種子。

汁なし四国風かき揚げうどん

しこしこ麺と味わい深いかき揚げがおいしい！

544kcal

材料（2人分）
- ごぼう…1/2本
- にんじん…1/4本
- a
  - 全粒粉…大さじ4
  - 水…1/4カップ（50mℓ）
- コーン油…適量
- 大根…5cm
- うどん（乾麺）…2束
- b
  - しょうゆ…大さじ3
  - 甜菜糖…小さじ2
- すだち…1/2個

作り方
1. ごぼう、にんじんはささがきにし、合わせた**a**に絡ませ、170℃に熱したコーン油でカラッと揚げる。
2. 大根はすりおろす。
3. うどんはゆで、ザルにあげて流水でしっかりもみ洗いし、水けをきる。
4. 器に**3**を盛り、**1**と**2**をのせ、**b**のたれをかけ、すだちを絞る。

全粒粉を水で溶いた衣に、野菜をくぐらせて。コクのあるかき揚げに。

主食
和風
麺類

マクロビオティックでは、玄米ばかりでなく、麺類も取り入れて豊かな食卓にしていきましょう。そば、うどんなどアレンジ次第で幅も広がります。

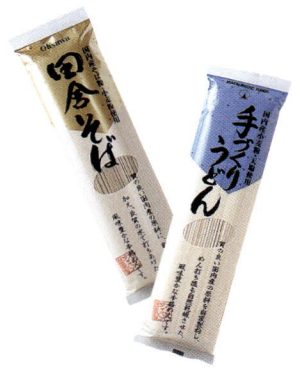

全粒粉そば＆うどん
できるだけ精製されていない全粒粉タイプのものを選んで。

献立のヒント
麺類には、たんぱく質＆海藻メニューを添えてバランスよく。

- 主食　汁なし四国風かき揚げうどん
- 主菜　テンペと長ねぎでねぎま風（P36）
- 副々菜　ひじきの煮物（P54）

和風

主食

麺類

汁なし四国風かき揚げうどん

ゆばあんかけそば

とろとろゆばあんかけがたまらない！

`513kcal`

材料（2人分）

- そば（乾燥）…2束
- a
  - 混合だし（作り方P16）…3カップ（600㎖）
  - しょうゆ…大さじ3
  - みりん…大さじ2
  - 塩…小さじ½
- b
  - 昆布だし…¾カップ（150㎖）
  - しょうゆ…大さじ1
  - みりん…大さじ1
- 生ゆば…50g
- くず粉…適量
- ゆずの皮…適量

作り方

1. そばはゆでてザルにあげ、冷水でよくもみ洗いをしてから水けをきる。
2. **a**は鍋で温めておく。
3. **b**は別の鍋で温めてから生ゆばを加え、ひと煮立ちしたら弱火にして3分ほど煮、同量の水で溶いたくず粉を加えてとろみをつける。
4. ゆずの皮はせん切りにする。
5. 器に**1**のそばを盛って**2**を注ぎ、**3**をかけてから**4**を散らす。

パリパリ油揚げと白髪ねぎのそば

シャキシャキ、パリパリと歯ごたえを味わえる一品

526kcal

油揚げ
油揚げは、余ったら冷凍保存が一番！一枚ずつラップに包んで冷凍パックで保存を。

材料（2人分）
- 長ねぎ…10cm
- a ┃ みそ…大さじ1
  ┃ ごま油…小さじ2
- 油揚げ…1枚
- 水菜…1株
- そば（乾燥）…2束
- b ┃ 混合だし（作り方P16）…3カップ（600ml）
  ┃ しょうゆ…大さじ3
  ┃ みりん…大さじ2
  ┃ 塩…小さじ1/2

作り方
1. 長ねぎは分量の半分をみじん切りに、残りの半分を白髪ねぎにする。
2. 1のみじん切りの長ねぎにaを加えてよく混ぜ合わせ、油抜きをした油揚げの表面に塗る。オーブントースターなどで両面をこんがりと焼き、2cm幅に切る。
3. 水菜はざく切りにする。
4. そばはゆでてザルにあげて冷水でよくもみ洗いをしてから水けをきり、bは鍋で温めておく。
5. 丼に4のそばを入れ、2と3をのせ、1の白髪ねぎを飾り、熱いbをかける。

作り置きできる副々菜 ❶
おいしい常備菜レシピ

切干大根や干ししいたけなどの乾物、ひじきやわかめ、のりなどの海藻類はミネラルがたっぷり。常備菜にして毎日おいしく召し上がってください。

＊ 保存期間の目安は冷蔵庫で2〜3日間です。

ひじきの煮物
たっぷり作り置きしておくと便利

材料（2人分）
- ひじき（乾燥）…10g
- にんじん…20g
- さやえんどう…5枚

a
- 混合だし（作り方P16）…1カップ（200mℓ）
- しょうゆ…大さじ1
- 酒…小さじ1
- 甜菜糖…小さじ1

作り方
1. ひじきはよく洗ってから水に浸して戻し、水けを絞る。
2. にんじんは細切り、さやえんどうは斜めに細切りにする。
3. 鍋にaを入れて煮立て、1と2を加えて煮汁が少なくなるまで煮る。

常備菜:ひじき2種／切干大根／きくらげ

作り置きできる副々菜 ❶

ひじきの梅煮
梅が酸っぱくて食欲をそそる！

材料（2人分）
- ひじき（乾燥）…20g
- 梅干し…2個
- a
  - 昆布だし（作り方P16）…1カップ（200mℓ）
  - しょうゆ…大さじ1½
  - みりん…大さじ1½

作り方
1. ひじきはよく洗ってから水に浸して戻し、水けをきる。
2. 梅干しは種を取り除いて、手でほぐす。
3. 鍋に**a**を入れて煮立たせ、**1**と**2**を加え、煮汁が少なくなるまで煮る。

切干大根とごまの炒め煮
カルシウムなどミネラルがたっぷり！

材料（2人分）
- 切干大根（乾燥）…20g
- ごま油…大さじ1
- 白ごま…小さじ1
- a
  - 昆布だし（作り方P16）…¾カップ（150mℓ）
  - しょうゆ…大さじ1
  - みりん…大さじ1

作り方
1. 切干大根はよく洗ってから水に浸して戻し、水けを絞る。
2. フライパンにごま油を熱し、**1**を炒めてから白ごま、**a**を加え、煮汁が少なくなるまで炒め煮にする。

きくらげのごま油炒め煮
コリコリおいしい中華風

材料（2人分）
- きくらげ（乾燥）…10g
- ごま油…小さじ2
- a
  - 昆布だし（作り方P16）…大さじ2
  - しょうゆ…大さじ1
  - みりん…大さじ1

作り方
1. きくらげはよく洗ってから水に浸して戻し、水けをきって食べやすい大きさに切る。
2. フライパンにごま油を熱し、**1**を炒めてから**a**を加えて煮絡める。

大根とにんじんの皮の佃煮
皮も捨てずにおいしく料理しましょう

材料（2人分）
- 大根の皮…50g
- にんじんの皮…50g
- a ┃ 混合だし（作り方P16）…1/2カップ（100㎖）
   ┃ しょうゆ…大さじ1 1/2
   ┃ みりん…大さじ1

作り方
1. 大根の皮、にんじんの皮はせん切りにする。
2. 鍋に**a**を入れて煮立たせ、**1**を加えて水分が少なくなるまで煮る。

のりの佃煮
簡単にできるから、作り置きがおすすめ

材料（2人分）
- 焼きのり…4枚
- a ┃ 水…1/2カップ（100㎖）
   ┃ しょうゆ…大さじ1
   ┃ みりん…大さじ1/2

作り方
1. 焼きのりは適当な大きさにちぎる。
2. 鍋に**a**を入れて煮立たせ、**1**を加えて水分が少なくなるまで煮る。

コーフーの佃煮
しょうがを加えてもおいしい

材料（2人分）
- コーフー…100g
- a ┃ 混合だし（作り方P16）…1/2カップ（100㎖）
   ┃ しょうゆ…大さじ1
   ┃ みりん…大さじ1

作り方
1. コーフーは5㎜角に切る。
2. 鍋を熱してから**1**を炒り、**a**を加えて水分が少なくなるまで煮る。

茎わかめの佃煮
コリコリ歯ごたえがクセになりそう！

材料（2人分）
- 茎わかめ…100g
- a 水…½カップ（100mℓ）
  しょうゆ…大さじ1½
  みりん…大さじ1

作り方
1. 茎わかめはざく切りにする。
2. 鍋にaを入れて煮立たせ、1を加えて水分が少なくなるまで煮る。

ごぼうとしょうがの佃煮
しっかり味で食物繊維たっぷり！

材料（2人分）
- ごぼう…½本
- しょうが…1片
- a 混合だし（作り方P16）…½カップ（100mℓ）
  しょうゆ…大さじ1½
  みりん…大さじ1

作り方
1. ごぼう、しょうがは細切りにする。
2. 鍋にaを入れて煮立たせ、1を加えて水分が少なくなるまで煮る。

干ししいたけの佃煮
じゅわっと広がるしいたけのうま味を味わって

材料（2人分）
- 干ししいたけ（乾燥）…6枚
- a しょうゆ…大さじ1
  みりん…大さじ1

作り方
1. 干ししいたけは水に浸して戻し、石づきを切り落とす。戻し汁1½カップ（300mℓ）はとっておく。
2. 鍋に干ししいたけの戻し汁、aを合わせて煮立て、1の干ししいたけを加えて落とし蓋をし、煮汁がなくなるぐらいまでゆっくりと煮含める。

作り置きできる副々菜 ①

佃煮：大根とにんじんの皮／のり／コーフー／茎わかめ／ごぼう／干ししいたけ

おぼえておきたい！
ドレッシング＆たれ＆ソース

マクロのおかずは、味が単調になりがち。
野菜、豆、海藻をおいしくしてくれるソースとドレッシングを紹介します。

＊ 保存期間の目安は冷蔵庫で2〜3日間です。

おろし野菜のグルメドレッシング

材料
- 玉ねぎ…1/4個
- にんじん…1/4本
- コーン油…大さじ2
- 酢…大さじ2
- しょうゆ…大さじ4
- 米あめ…大さじ1

作り方
1. 玉ねぎ、にんじんはすりおろす。
2. 1にその他の材料を加え、よく混ぜ合わせる。

こんな料理に
生野菜サラダやゆで野菜、
グリルした野菜、白身魚などに

梅じそドレッシング

材料
- 梅干し…3個
- 青じそ…3枚
- コーン油…大さじ2
- 酢…大さじ2
- しょうゆ…大さじ1
- 甜菜糖…大さじ1

作り方
1. 梅干しは種を取り除いて包丁で叩く。
2. 青じそはみじん切りにする。
3. 1と2にその他の材料を加えてよく混ぜ合わせる。

こんな料理に

生野菜サラダやゆで野菜、豆、豆腐サラダ、蒸した白身魚などに

ゆかりドレッシング

材料
- ゆかり…大さじ1
- コーン油…大さじ2
- 酢…大さじ2
- しょうゆ…大さじ3〜4
- 甜菜糖…大さじ1

作り方
1. 材料をすべて合わせてよく混ぜ合わせる。

こんな料理に

生野菜サラダやゆで野菜、豆腐サラダ、蒸した白身魚などに

香味ドレッシング

材料
- 長ねぎ…5cm
- 青じそ…3枚
- 白いりごま…大さじ2
- コーン油…大さじ2
- 酢…大さじ2
- しょうゆ…大さじ4
- 甜菜糖…大さじ1

作り方
1. 長ねぎ、青じそはみじん切りにする。
2. 1にその他の材料を加えてよく混ぜ合わせる。

こんな料理に

生野菜サラダやゆで野菜、豆、豆腐サラダ、蒸した豆腐、白身魚などに

梅豆腐ドレッシング

材料
- 梅干し…2個
- 木綿豆腐…1/4丁
- ごま油…大さじ1
- しょうゆ…小さじ2
- 玄米酢…小さじ2

作り方
1. 梅干しは種を取り除き、木綿豆腐は熱湯でゆがいて水けをきる。
2. 1とその他の材料をすり鉢に入れてよくすり混ぜる（ミキサーで混ぜてもいい）。

こんな料理に

生野菜サラダや海藻サラダ、ゆで野菜などに

豆腐マヨネーズ

材料
- 木綿豆腐…1/4丁
- 玉ねぎ…1/8個
- にんにく…1片
- レモンの絞り汁 大さじ1
- 酢…大さじ1
- 甜菜糖…小さじ1
- 白みそ…小さじ1
- 塩…小さじ1/2

作り方
1. 木綿豆腐は熱湯でゆがいて水けをきる。
2. 玉ねぎ、にんにくはすりおろす。
3. すり鉢に1と2、その他の材料を入れてよくすり混ぜる（ミキサーで混ぜてもいい）。

こんな料理に

生野菜サラダや海藻サラダ、ゆで野菜、モーニングパンのディップなど

ドレッシングコラム
メニューの バリエーションを 増やしましょう

ドレッシングは生野菜にかけるだけでは もったいない！

根菜を素揚げしてドレッシングに漬けたり、蒸した豆腐、白身魚などのタレとしても利用できます。豆腐マヨネーズはスティック野菜のディップにも。

基本のうま味しょうゆだれ

材料
- しょうゆ…½カップ（100㎖）
- みりん…½カップ（100㎖）
- 昆布…5㎝

作り方
1. しょうゆ、みりんを鍋に入れ、ひと煮立ちさせる。
2. 昆布は濡れ布巾などで表面を拭いてから1に加えて火を止める。そのまま粗熱をとる。

こんな料理に
根菜の煮物、照り焼き、炒めものなどに

練りごまだれ

材料
- 白練りごま…1/4カップ（50ml）
- しょうゆ…大さじ2
- 甜菜糖…大さじ2
- 酢…大さじ1
- 昆布だし…大さじ1

作り方
1. 材料をよく混ぜ合わせる。

＊ごま油、みじん切り長ねぎ、にんにくを加えれば中華風に。

こんな料理に
ゆで野菜、豆腐サラダ、白身魚のホイル焼き、鍋料理などに

酢みそだれ

材料
- みそ…大さじ4
- 甜菜糖…大さじ2
- みりん…大さじ2
- 酢…大さじ2

作り方
1. 鍋に材料を入れ、弱火にかけながらよく混ぜ合わせる。

＊からし、ゆず、しょうが、木の芽、ごまでバリエーションを増やして。

こんな料理に
ゆで野菜のあえもの、豆腐サラダ、白身魚のホイル焼きなどに

マクロのブラウンソース

材料
- 玉ねぎ…1個
- にんにく…1片
- コーン油…大さじ1
- 白ワイン…1/2カップ（100ml）
- a ┌ 米あめ…大さじ2
    └ バルサミコ酢…大さじ3
- 塩…小さじ1

作り方
1. 玉ねぎは薄切り、にんにくはみじん切りにする。
2. フライパンにコーン油を熱し、1をあめ色になるまでじっくりと炒める。
3. 2に白ワインを加えてフランベし、aを加えて煮詰め、塩を加えて味をととのえる。

こんな料理に
根菜のグリル、豆腐ステーキ、白身魚のソテーなどに

おいしいマクロビオティック
洋風のレシピ

献立	おいしい洋風献立	64
主菜	豆腐レシピ	68
主菜	大豆・豆類レシピ	72
主菜	白身魚レシピ	76
主菜	野菜レシピ	78
副菜	野菜・豆レシピ	80
主食	玄米ごはんレシピ	84
主食	パスタレシピ	88
主食	パンレシピ	92

おいしい洋風献立

朝

主食	ふわふわモーニングパンケーキ&トッピング（作り方P92・96）
汁もの	かぼちゃの豆乳スープ（作り方P137）
副菜	カリフラワーとブロッコリーのサラダ（作り方P81）
副々菜	きゅうりのピクルス（作り方P103）

献立のポイント
パンケーキの添えものにも、野菜をたっぷりと！

朝はパン食という人も、パンケーキなら思い立ったらすぐに焼けるからおすすめ。トッピングやおかずにも野菜をふんだんに使いましょう。

おいしい洋風献立

主食　主菜	玄米ピラフ風 (作り方P86)	
汁もの	たっぷり野菜のミネストローネ (作り方P79)	
副菜	ガルバンゾーとグリーンピースのサラダ (作り方P83)	
デザート	国産オレンジ	

昼

献立のポイント
ピラフには野菜スープとお豆のサラダで完璧!
玄米と野菜を炒めたピラフだけでは補えない栄養をスープやサラダで補充しましょう。お豆のサラダは良質たんぱく質とカルシウムなどが豊富です。

おいしい洋風献立——朝・昼

おいしい洋風献立

夜 1

主食	主菜	玄米ドリア（作り方P87）
汁もの		にんじんとセロリのコンソメスープ（作り方P137）
副菜		レッドキドニーとおかひじきの梅ドレッシングサラダ（作り方P82）
デザート		ベイクドアップル（作り方P150）

献立のポイント

おかひじきを取り入れて、ミネラルをプラス！

ドリアなどの洋風な献立には、味にアクセントのある副菜を取り入れるのがポイント。カロテンやミネラル豊富なおかひじきのサラダは相性バツグン！

おいしい洋風献立

夜 2

主食	玄米ごはん
主菜	豆腐シチュー（作り方P70）
副菜	ローストキャベツ（作り方P80）
デザート	あんずのプチムース（作り方P147）

献立のポイント

**ヘルシー＆
食べ応え満点の献立**

洋風のシチューはたっぷり野菜と豆腐を組み合わせた一品で大満足。さらにローストキャベツで、お腹も心も満たされるはず。

おいしい洋風献立——夜1・2

豆腐でクリームコロッケ風

外側はカリッと中はとろとろクリーミー！

418kcal

主菜 洋風

豆腐

洋風のおかずにも、豆腐は大活躍します。シチューやコロッケなど、意外とバリエーションはたくさん！ヘルシーでやさしい味わいでおいしい！

材料（2人分）
- 玉ねぎ…1/4個
- にんじん…1/6本
- さやいんげん…3本
- コーン油…小さじ2
- 木綿豆腐…1/2丁
- a
  - 白ごま…大さじ1/2
  - みそ…大さじ2/3
  - みりん…大さじ1/2
  - しょうゆ…小さじ1
- b
  - 全粒粉…50g
  - 塩…少々
  - 豆乳…1カップ（200mℓ）
- 豆乳…適量
- 全粒粉パン粉…適量
- コーン油…適量
- お好みでキャベツ・レモン…各適量

作り方
1. 玉ねぎ、にんじんはみじん切り、さやいんげんは小口切りにし、コーン油小さじ2を熱したフライパンで炒める。
2. 木綿豆腐はペーパータオルなどで包んでから重石をし、しっかりと水きりをする。
3. すり鉢に**2**と**a**を入れてすりこ木でよくすり合わせてから**1**を加えて混ぜ合わせる。
4. **b**を混ぜ合わせ、テフロン加工のフライパンでクレープ状に4枚焼く。
5. **3**を適量取って**4**で包み、端は水で溶いた全粒粉でとめる。
6. **5**に豆乳、全粒粉パン粉をまぶし、170℃に熱したコーン油でカラッと揚げる。
7. 器に**6**を盛り、お好みでせん切りにしたキャベツ、くし形に切ったレモンを添える。

木綿豆腐
大豆と比べて消化がいいのが特徴。木綿豆腐は絹ごし豆腐の約3倍のカルシウムを含んでいる。

天然酵母パン粉
無添加の天然酵母パン粉だから、体にいい！コクのある味わいが最高。

薄く焼いたクレープでとろとろ豆腐ソースを包んで。

献立のヒント
コロッケには、緑黄色野菜のサラダと野菜たっぷりスープを添えて。

- 主食　マクロビオティックパン（P94）
- 汁もの　にんじんとセロリのコンソメスープ（P137）
- 主菜　豆腐でクリームコロッケ風
- 副菜　カリフラワーとブロッコリーのサラダ（P81）
- デザート　りんご

洋風

主菜

豆腐

豆腐でクリームコロッケ風

材料 (2人分)

- 玉ねぎ…1/2個
- にんじん…1/2本
- ブロッコリー…1/2株
- にんにく…1片
- 木綿豆腐…1/2丁
- コーン油…大さじ1
- a
  - 洋風ブイヨン(作り方P17)…1カップ(200mℓ)
  - 豆乳…2カップ(400mℓ)
  - 甜菜糖…大さじ1
  - しょうゆ…大さじ1
  - 塩…小さじ1
- くず粉…適量

作り方

1. 玉ねぎはくし形切り、にんじんは乱切り、ブロッコリーは小房に分け、にんにくは薄切りにする。
2. 木綿豆腐はペーパータオルなどで包んでから重石をして水きりをし、1cm幅に切る。
3. 鍋にコーン油を熱して**1**のにんにくを香りがでるまで炒めてから、**1**の残りの野菜を加えて炒め合わせる。
4. **3**に**2**と**a**を加えて煮込み、味をととのえる。
5. **4**に同量の水で溶いたくず粉を加えてとろみをつける。

豆腐シチュー
とってもマイルドでやさしい味のシチュー

277kcal

献立のヒント

豆腐と野菜たっぷりのシチューには、生野菜サラダを添えて。

- 主食　玄米ごはん
- 主菜　豆腐シチュー
- 副菜　セロリとキャベツのコールスロー風(P81)
- デザート　みかんのコンポート(P151)

洋風 / 主菜

豆腐

豆腐シチュー／豆腐ステーキ

豆腐ステーキ
きのこがたっぷり入ってボリューム満点！

319kcal

有機オリーブ油
有機オリーブの一番搾り油がベスト。炒めものやサラダのドレッシングに。

材料（2人分）
- 木綿豆腐…1丁
- 塩…少々
- 玉ねぎ…½個
- しめじ…½パック
- にんにく…1片
- オリーブ油…大さじ1
- a
  - 洋風ブイヨン（作り方P17）…1カップ（200ml）
  - 甜菜糖…大さじ½
  - 酒…大さじ1
  - しょうゆ…大さじ1
  - 塩…少々
- くず粉…適量
- 全粒粉…大さじ3
- コーン油…大さじ1

作り方
1. 木綿豆腐はペーパータオルなどで包んでから重石をして水きりをし、4等分に切ってから塩をふる。
2. 玉ねぎは薄切り、しめじは石づきを切り落として手でほぐし、にんにくは薄切りにする。
3. フライパンにオリーブ油を熱し、**2**のにんにくを香りがでるまで炒めたら、**2**の残りの野菜を加えて炒め合わせる。
4. **3**に**a**を加えてひと煮立ちさせ、味をととのえてから同量の水で溶いたくず粉でとろみをつける。
5. **1**の豆腐は水けをふいて全粒粉をしっかりまぶす。別のフライパンにコーン油を熱し、焼き色がつくまで両面を焼く。
6. 器に**5**を盛り**4**をかけていただく。

主菜 洋風

大豆・豆類

ガルバンゾー(ひよこ豆)、キドニービーンズなどの豆もマクロビオティックの中では大切なたんぱく源。噛みごたえ満点で、洋風のサラダや炒めものに幅広く使えます。

大豆・ひよこ豆・キドニービーンズ
無農薬、有機栽培された乾燥豆がおすすめ。ビタミンB群を多く含むので、疲労回復に！

ミックスビーンズの豆乳グラタン
3種類の豆の味をたっぷり味わって

436kcal

材料（2人分）
- 大豆(乾燥)…1/4カップ
- ガルバンゾー(ひよこ豆・乾燥)…1/4カップ
- キドニービーンズ(乾燥)…1/4カップ
- オリーブ油…小さじ2
- 塩…少々
- 玉ねぎ…1/2個
- コーン油…小さじ2
- 木綿豆腐…1/2丁
- a
  - 豆乳…1/4カップ(50ml)
  - 洋風ブイヨン(作り方P17)…1/4カップ(50ml)
  - みそ…大さじ1
  - 甜菜糖…小さじ2
  - 塩…小さじ1/2
- 全粒粉パン粉…適量
- パセリのみじん切り…適量

作り方
1. 大豆、ガルバンゾー、キドニービーンズはそれぞれたっぷりの水にひと晩浸してから強火にかけ、煮立ったら弱火にしてやわらかくなるまで30分ほどゆでる。
2. フライパンにオリーブ油を熱して**1**を炒め、塩をふって味つけしてから耐熱容器に盛る。
3. 玉ねぎはみじん切りにし、コーン油を熱したフライパンで炒める。
4. 木綿豆腐はペーパータオルなどで包んでから重石をして水きりをし、**a**と**3**と一緒にミキサーにかけて滑らかにする。
5. **2**に**4**をかけ、全粒粉パン粉、パセリのみじん切りを散らし、オーブントースターで焼き色がつくまで焼く。

ミキサーにかければ、あっという間に豆乳ソースのできあがり！

献立のヒント
たっぷり豆のグラタンには、サラダ＆スープでOK。
- 主食　マクロビオティックパン(P94)
- 汁もの　にんじんとセロリのコンソメスープ(P137)
- 主菜　ミックスビーンズの豆乳グラタン
- 副菜　とりあわせ野菜のハリハリサラダ(P82)
- デザート　国産オレンジ

洋風

主菜

大豆・豆類

ミックスビーンズの豆乳グラタン

大豆ハンバーグ
バルサミコ酢をほんのり効かせたソースでどうぞ

318kcal

材料（2人分）
- 大豆（乾燥）…½カップ
- くず粉…小さじ2
- a
  - しょうゆ…小さじ1
  - みりん…小さじ1
  - 塩…少々
- 玉ねぎ…½個
- にんじん…20g
- b
  - 全粒粉パン粉…大さじ4
  - 豆乳…大さじ3
- コーン油…大さじ1
- c
  - 洋風ブイヨン（作り方P17）…½カップ（100㎖）
  - 白ワイン…大さじ1
  - 甜菜糖…大さじ½
  - バルサミコ酢…小さじ2
  - 塩…少々
- くず粉…適量
- ブロッコリー・にんじん…各適量

バルサミコ酢
イタリア原産のぶどう果汁にワインを加え、長期間熟成させたもの。有機栽培のものを選んで。風味づけ程度に使いましょう。

作り方
1. 大豆はたっぷりの水にひと晩浸してから強火にかけ、煮立ったら弱火にしてやわらかくなるまで30分ほどゆでる。
2. **1**は熱いうちにすり鉢に入れ、くず粉を加えてすりこ木でよくすりつぶし、**a**を加えて混ぜ合わせる。
3. 玉ねぎ、にんじんはみじん切りにし、**b**は合わせてふやかし、**2**に加えてよく練り合わせる。
4. **3**を小判型に丸め、コーン油を熱したフライパンで焼き、両面に焼き色をつける。
5. 鍋で**c**を温め、同量の水で溶いたくず粉を加えてとろみをつける。
6. 器に**4**を盛り、**5**をかける。お好みでゆでたブロッコリーとにんじんを添える。

洋風 / 主菜

大豆・豆類

大豆ハンバーグ／ガルバンゾーのカレー風味ソテー

ガルバンゾーのカレー風味ソテー
パンと一緒に召し上がれ！

284kcal

材料（2人分）
- ガルバンゾー（ひよこ豆・乾燥）…½カップ
- 玉ねぎ…1個
- オリーブ油…小さじ2
- a
  - 洋風ブイヨン（作り方P17）…大さじ2
  - カレー粉…少々
  - 酒…大さじ1
  - しょうゆ…小さじ2
  - 甜菜糖…小さじ2
  - 塩…少々
- 香菜…適量

作り方
1. ガルバンゾーはたっぷりの水にひと晩浸してから強火にかけ、煮立ったら弱火にしてやわらかくなるまで30分ほどゆでる。
2. 玉ねぎは薄切りにする。
3. フライパンにオリーブ油を熱し**2**を炒め、しんなりしてきたら**1**を加えて炒め合わせる。
4. **3**に合わせた**a**を加えて味をととのえ、器に盛ってざく切りにした香菜を散らす。

カレー粉
数十種類のスパイスを合わせた複合香辛料。できるだけ有機栽培のものを。少量ならOK。

主菜 洋風

白身魚

洋風のメニューにも白身魚はよく合います。フリッターやホイル焼き、ソテーなどいろいろ工夫して使いましょう。

近海ものの白身魚
白身魚は鮮度にこだわりましょう。近海天然のものがベスト。

白身魚のふわふわフリッター 豆腐のタルタルソース添え

ほろほろとふんわりとした魚がおいしい！

270kcal

材料（2人分）
- 白身魚（切り身）…2切れ
- 酒・塩・全粒粉…各適量
- 山いも…50g
- a
  - 豆乳…½カップ（100㎖）
  - 全粒粉…大さじ1
- 木綿豆腐…¼丁
- b
  - 洋風ブイヨン（作り方P17）…大さじ2
  - レモンの絞り汁…大さじ1
  - 甜菜糖…小さじ1
  - 塩…小さじ½
- 玉ねぎ…¼個
- きゅうりのピクルス（作り方P103）…1個
- パセリ…適量
- コーン油…適量
- さやいんげん・にんじん…各適量

作り方
1. 白身魚は酒と塩をふり、衣をつける直前に全粒粉をまぶす。
2. 山いもは皮をむいてすりおろし、aを加えて混ぜ合わせる。
3. 木綿豆腐は熱湯でゆでペーパータオルなどで包んで水けをきり、すり鉢に入れ、bを加えてすりこ木でよくすり合わせる。
4. 玉ねぎ、ピクルス、パセリはみじん切りにし、3に加えて混ぜ合わせる。
5. 1は2に絡め、170℃に熱したコーン油でカラッと揚げる。さやいんげんは半分に、にんじんは5㎜厚さの輪切りに切ってから素揚げする。
6. 5を器に盛り、4を添える。

全粒粉
小麦の胚乳、ふすま、胚芽もまるごと粉にしたものが全粒粉。食物繊維、ミネラルが豊富。揚げものも味わい深い仕上がりに。

白身魚ときのこの洋風ホイル焼き

にんにくじょうゆソースがデリシャス!

131 kcal

材料(2人分)
- 白身魚(切り身)…2切れ
- 酒・塩…各少々
- しめじ…1/2パック
- えのきだけ…1/2パック
- しいたけ…2枚
- 長ねぎ…5cm
- レモン…適量
- a
  - しょうゆ…大さじ1
  - 酢…小さじ2
  - おろしにんにく…小さじ1
  - コーン油…小さじ1
  - 甜菜糖…小さじ1
- パセリのみじん切り…適量

作り方
1. 白身魚は酒、塩をふる。
2. しめじ、えのきだけは石づきを切り落として手でほぐし、しいたけは石づきを切り落として薄切りにする。長ねぎは斜め薄切り、レモンは輪切りにする。
3. アルミホイルに**1**と**2**をのせて包み、オーブントースターなどで10分ほど蒸し焼きにする。
4. **a**はよく混ぜ合わせる。
5. 器に**3**を盛り、パセリのみじん切りをふり、**4**を添える。

献立のヒント

白身魚のホイル焼きには、クリーミーなスープを合わせて。

- 主食　玄米ごはん
- 汁もの　かぼちゃの豆乳スープ(P137)
- 主菜　白身魚ときのこの洋風ホイル焼き
- 副菜　ローストキャベツ(P80)

主菜 洋風

野菜

根菜類でも、洋風ブイヨンやオリーブ油を使えば、洋風に！具沢山のスープなどにして、自然の恵みをたっぷりとりましょう。

玉ねぎ・にんじんなどの野菜
泥付きの無農薬、有機栽培の野菜を使いましょう。皮も捨てずに利用して。

玉ねぎとカッテージ豆腐のオーブン焼き

甘い玉ねぎのうま味にきっと驚くはず！

125kcal

材料（2人分）
- 絹ごし豆腐…1/4丁
- a
  - レモンの絞り汁…小さじ2
  - オリーブ油…小さじ2
  - 甜菜糖…小さじ1
  - 塩…少々
- 玉ねぎ…1個
- b
  - 全粒粉パン粉…適量
  - コーン油…適量
- オリーブ油・塩…適宜

作り方
1. 絹ごし豆腐はペーパータオルなどで包んでから重石をして水きりし、すり鉢に入れ、aを加えてすりこ木でよくすり合わせる。
2. 玉ねぎは皮をむいて横半分に切り、中をくり抜く。
3. 1を2に詰め、合わせたbをのせる。
4. 200℃に熱したオーブンで30分ほど焼く。途中、パン粉が焦げそうであればアルミホイルをかぶせる。
5. 器に盛り、好みでオリーブ油、塩をふる。

絹ごし豆腐
舌ざわりがなめらかな絹ごし豆腐。ビタミンB₁とカリウムが豊富。

洋風 / 主菜 / 野菜

> **献立のヒント**
>
> ミネストローネには、パンメニューがおいしい！ 昼食にぴったり。
>
> 主食　マクロビオティックパンでパングラタン（P99）
> 汁もの　たっぷり野菜のミネストローネ
> 副菜　レッドキドニーとおかひじきの
> 　　　梅ドレッシングサラダ（P82）
> デザート　白ごまのブラマンジェ風（P146）

たっぷり野菜のミネストローネ
天然酵母パンのガーリックトーストを添えても

109kcal

材料（2人分）
- 玉ねぎ…1/2個
- キャベツ…2枚
- セロリ…1/2本
- にんじん…1/2本
- にんにく…1片
- オリーブ油…大さじ1
- 洋風ブイヨン（作り方P17）
  …3カップ（600mℓ）
- 塩…適量

作り方
1. 玉ねぎ、キャベツは1.5㎝角に切り、セロリは5㎜厚さの薄切り、にんじんはいちょう切りにする。
2. にんにくは薄切りにする。
3. 鍋にオリーブ油を熱して**2**を香りがでるまで炒め、**1**、塩少々を加えて炒め合わせる。
4. **3**にブイヨンを加えて強火にし、煮立ったら弱火にして野菜がしんなりするまで煮る。塩小さじ1/2を加えて味をととのえ、器に盛る。

玉ねぎとカッテージ豆腐のオーブン焼き／たっぷり野菜のミネストローネ

ローストキャベツ
おろし野菜のソースでコクを添えて

103kcal

材料（2人分）
- キャベツ…1/4個
- コーン油…小さじ2
- 玉ねぎ…1/8個
- にんじん…30g
- a
  - しょうゆ…大さじ2
  - 甜菜糖…小さじ2
  - 塩…少々

作り方
1. キャベツはくし形に切り、コーン油をまぶしてから耐熱皿にのせて180℃に熱したオーブンで20分ほど焼く。
2. 玉ねぎ、にんじんはすりおろし、**a**を加えて混ぜ合わせる。
3. **1**を器に盛り、**2**を添える。

副菜 洋風

野菜・豆

葉野菜や豆類のサラダを中心に、野菜のローストなど、ドレッシングやたれで野菜をさらにおいしくしましょう。

キャベツなどの野菜とひよこ豆やキドニー
野菜は切り方によって変化をつけて。豆もサラダにぴったり。

カリフラワーとブロッコリーのサラダ

豆腐マヨネーズでゆで野菜をおいしく!

68kcal

材料(2人分)
- カリフラワー…1/4株
- ブロッコリー…1/2株
- 豆腐マヨネーズ
  (作り方P60)…大さじ2

作り方
1. カリフラワー、ブロッコリーは小房に分け、耐熱皿にのせ、蒸し器で蒸す。
2. 1を器に盛り、豆腐マヨネーズを添える。

セロリとキャベツのコールスロー風

ゆかり風味のさっぱり味

108kcal

材料(2人分)
- セロリ…1/2本
- キャベツ…1/4個
- 塩…少々
- a
  - コーン油…大さじ1
  - 酢…大さじ1
  - ゆかり…小さじ1
  - しょうゆ…小さじ1
  - 甜菜糖…小さじ1

作り方
1. セロリは薄切り、キャベツはせん切りにし、合わせて塩をふる。しんなりしてきたら水けを絞る(塩けが強ければ一度洗って再び絞る)。
2. aをよく混ぜ合わせ、1に加えて味をなじませる。

とりあわせ野菜の
ハリハリサラダ

練りごまソースを絡ませて召し上がれ！

197kcal

材料（2人分）
- 長ねぎ…1/2本
- 春菊…1/2束
- 水菜…1株
- a
  - 白練りごま…大さじ2
  - ごま油…大さじ1
  - 酢…大さじ2
  - しょうゆ…大さじ1
  - 甜菜糖…小さじ2

作り方
1. 長ねぎはせん切り、春菊は葉の部分をつまみ、水菜はざく切りにし、合わせて冷水にさらしてから水けをきる。
2. **a**をよく混ぜ合わせる。
3. **1**を器に盛り、**2**をかける。

レッドキドニーと
おかひじきの
梅ドレッシングサラダ

豆と海藻の相性を味わって

221kcal

材料（2人分）
- キドニービーンズ（乾燥）…1/2カップ
- おかひじき…1/2パック
- 梅干し…1個
- a
  - コーン油…大さじ1
  - 酢…大さじ1
  - しょうゆ…小さじ2
  - 甜菜糖…大さじ1

作り方
1. キドニービーンズはたっぷりの水にひと晩浸してから強火にかけ、煮立ったら弱火にしてやわらかくなるまで30分ほどゆでる。水けをきって粗熱をとる。
2. おかひじきは熱湯でさっとゆで、水けをきってからざく切りにする。
3. 梅干しは種を取り除いて包丁で叩き、**a**を加えて混ぜ合わせる。
4. **1**と**2**を合わせて器に盛り、**3**をかける。

洋風 / 副菜

野菜・豆

ハリハリサラダ／梅ドレッシングサラダ／ガルバンゾーのサラダ

ガルバンゾーと
グリーンピースのサラダ
レーズンが味のポイント！

220kcal

材料（2人分）
- ガルバンゾー（乾燥）…1/2カップ
- グリーンピース（缶詰）…1/2カップ
- レーズン…大さじ2
- 豆腐マヨネーズ（作り方P60）
  …大さじ2
- レモンの絞り汁…小さじ2
- 塩…少々

作り方
1. ガルバンゾーはたっぷりの水にひと晩浸してから強火にかけ、煮立ったら弱火にしてやわらかくなるまで30分ほどゆでる。水けをきって粗熱をとる。
2. グリーンピースは水けをきっておく。
3. ボウルに**1**と**2**、レーズンを入れ、豆腐マヨネーズ、レモンの絞り汁、塩を加えて混ぜ合わせ、味をととのえる。

献立のヒント
豆のサラダには白身魚のホイル焼きを。
- 主食　玄米ごはん
- 主菜　白身魚ときのこの洋風ホイル焼き（P77）
- 副菜　ガルバンゾーとグリーンピースのサラダ
- 副々菜　れんこんのピクルス（P103）

主食 洋風

玄米ごはん

玄米ごはんを使って洋風ごはん料理を作りましょう。野菜と炒めてピラフやドリアに、また形を変えて玄米バーガーなどバリエーションも広がります。

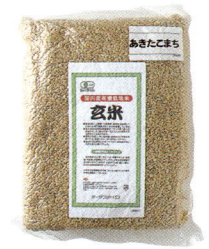

玄米
JAS認定有機玄米を選んで。玄米が苦手な人は分づき米を活用して。

照り焼き玄米ハンバーガー
玄米ごはんも工夫次第で洋風に

350kcal

材料（2人分）
- 玄米ごはん…茶碗山盛り2杯分
- 塩…少々
- ごま油…適量
- コーフー…60g
- a
  - 水…大さじ1
  - しょうゆ…小さじ2
  - みりん…小さじ2
  - おろししょうが…小さじ½
- くず粉…適量
- レタス…1枚
- 豆腐マヨネーズ（作り方P60）…大さじ2

作り方
1. 玄米ごはんは温かいうちにボウルに入れ、すりこ木でつぶして粘りをだす。
2. 1に塩を加えてさらに混ぜ合わせてから1.5cm厚さの円形に形をととのえ、フライパンにごま油小さじ1を熱して両面をこんがりと焼く。
3. 別のフライパンにごま油大さじ1を熱し、コーフーをさっと炒めてからaを加えて絡め、同量の水で溶いたくず粉を加えてとろみをつける。
4. 2に食べやすい大きさにちぎったレタス、豆腐マヨネーズ、3の順にのせてはさむ。

すりこ木で玄米をよくつぶして。

ごま油を熱したフライパンで両面をこんがりと焼くとおいしい！

献立のヒント
玄米ハンバーガーには野菜スープを合わせて。

- 主食　照り焼き玄米ハンバーガー
- 汁もの　たっぷり野菜のミネストローネ（P79）
- 副々菜　きゅうりのピクルス（P103）

洋風 | 主食 | 玄米ごはん | 照り焼き玄米ハンバーガー

玄米ピラフ風

仕上げに加えるオリーブ油で風味アップ！

436kcal

材料（2人分）
- 玉ねぎ…1/4個
- にんじん…1/4本
- さやいんげん…4本
- セイタン…80g
- コーン油…大さじ1
- 玄米ごはん…茶碗2杯分
- a
  - 洋風ブイヨン(作り方P17)…大さじ2
  - 甜菜糖…小さじ2
  - しょうゆ…小さじ2
  - 塩…少々
- オリーブ油…小さじ2
- パセリのみじん切り…適量

作り方
1. 玉ねぎ、にんじん、さやいんげん、セイタンはそれぞれみじん切りにする。
2. フライパンにコーン油を熱し、**1**を加えて炒め合わせる。
3. **2**に玄米ごはんを加えてさらに炒め合わせてから**a**を加えて味をととのえる。
4. **3**にオリーブ油をまわし入れ、蓋をして弱火にし、5分ほど蒸し焼きにする。
5. 器に**4**を盛り、パセリのみじん切りを散らす。

玄米ニョッキ かぼちゃ風味

もっちり甘いニョッキ風

375kcal

材料（2人分）
- 玄米ごはん…茶碗2杯分
- かぼちゃ…1/8個
- a
  - 全粒粉…大さじ4
  - みそ…小さじ1
  - 甜菜糖…小さじ1
  - 塩…小さじ1/2
- 洋風ブイヨン(作り方P17)…2 1/2カップ(500ml)
- 塩…小さじ3/5
- パセリのみじん切り…適量

作り方
1. 玄米ごはんは温かいうちにボウルに入れ、すりこ木でつぶして粘りをだす。
2. かぼちゃはひと口大に切り、熱湯でゆでてから水けをきる。
3. **1**に**a**を加えて混ぜ合わせてから**2**を加え、さらに練り合わせる。
4. 手に水をつけて、**3**を適量取ってひと口大に丸める。
5. 鍋に洋風ブイヨンを温め、塩、パセリのみじん切りを加えて味をととのえてから、**4**を加えてゆでて、浮かんできたら引きあげる。
6. **5**をスープごと器に盛り付ける。

洋風 / 主食

玄米ごはん

玄米ピラフ風／玄米ニョッキ かぼちゃ風味／玄米ドリア

玄米ドリア
豆腐のソースがとってもクリーミー！

461kcal

材料（2人分）
- 玉ねぎ…1/4個
- にんじん…1/4本
- さやいんげん…4本
- にんにく…1片
- コーン油…大さじ1
- 玄米ごはん…茶碗2杯分
- a
  - 酒…小さじ2
  - 甜菜糖…小さじ2
  - しょうゆ…大さじ1
  - 塩…少々
- 木綿豆腐…1/2丁
- b
  - 豆乳…1/4カップ（50mℓ）
  - 洋風ブイヨン（作り方P17）…1/4カップ（50mℓ）
  - みそ…大さじ1
  - 甜菜糖…小さじ2
  - 塩…少々
- 全粒粉パン粉…適量

作り方
1. 玉ねぎ、にんじん、さやいんげん、にんにくはみじん切りにする。
2. フライパンにコーン油を熱し、1のにんにくを香りがでるまで炒め、1の野菜を加えて炒め合わせる。
3. 2の野菜がしんなりしてきたら玄米ごはんを加えてさらに炒め合わせ、aを加えて味をととのえ、耐熱皿に移す。
4. 木綿豆腐はペーパータオルなどで包んでから重石をして水きりをし、bと一緒にミキサーにかけて滑らかにする。
5. 3に4をかけてパン粉を散らし、オーブントースターで焼き色がつくまで焼く。

一度、野菜と玄米をしっかり炒め合わせて。

グリーングリーンパスタ

緑の豆、野菜をたっぷり使ったヘルシーパスタ！

458kcal

主食 洋風

パスタ

マクロビオティックでもパスタ料理をどんどん取り入れましょう。旬の野菜や和風の食材と味付けなどを取り入れて、献立に変化をつけて。

材料（2人分）
- そら豆（さやから出して）…16粒
- グリーンピース（さやから出して）…大さじ1
- ブロッコリー…½株
- にんにく…1片
- 全粒粉パスタ（乾燥）…160g
- オリーブ油…小さじ1＋大さじ1
- a
  - おろしにんにく…小さじ½
  - 全粒粉パン粉…大さじ1
- 塩・酒…各少々
- b
  - オリーブ油…大さじ1
  - 塩・甜菜糖…各少々

作り方
1. そら豆、グリーンピースはさやから出し、ブロッコリーは小房に分け、それぞれ塩ゆでする。にんにくはみじん切りにする。
2. 全粒粉パスタはたっぷりの熱湯に塩（大さじ1程度）を加えてゆで、ザルにあげて水けをきる（ゆで汁1カップ（200㎖）はとっておく）。
3. フライパンにオリーブ油小さじ1を熱し、**a**を加えて炒め合わせ、取り出しておく。
4. 再びフライパンにオリーブ油大さじ1を熱し、**1**のにんにくのみじん切りを香りがでるまで炒めてから、残りの水けをきった**1**の野菜を加えて炒めて塩、酒をふる。
5. **4**に**2**のパスタを加えて炒め合わせパスタのゆで汁を加減しながら加え、**b**を加えて味をととのえる。
6. **5**を器に盛り、**3**をふりかける。

有機オリーブ油
有機オリーブの一番搾り油がおすすめ。香りがよくコクがあるので、風味がグンとよくなる。

全粒粉パスタ
小麦を精白せずにイタリアの伝統的手法で作られているものがおすすめ。

献立のヒント

緑の野菜がたっぷりのパスタには、スープとサラダで決まり！

- 主食　グリーングリーンパスタ
- 汁もの　かぼちゃの豆乳スープ（P137）
- 副菜　とりあわせ野菜のハリハリサラダ（P82）

カリカリのガーリックパン粉が味の決め手！

洋風

主食

パスタ

グリーングリーンパスタ

材料(2人分)

- 玉ねぎ…½個
- にんにく…1片
- かぼちゃ…⅛個
- オリーブ油…大さじ1
- 洋風ブイヨン(作り方P17)
  …1カップ(200mℓ)
- 全粒粉パスタ(乾燥)…160g
- 豆乳…1カップ(200mℓ)
- 塩…少々
- 甜菜糖…小さじ1
- パセリのみじん切り…適量

作り方

1. 玉ねぎ、にんにくはみじん切りにする。かぼちゃは5mm厚さ程度の薄切りにする。
2. フライパンにオリーブ油を熱し、1のにんにくを香りがでるまで炒めてから1の玉ねぎを加えて炒め合わせる。
3. 2に1のかぼちゃを加えてさっと炒めてから洋風ブイヨンを加えてかぼちゃがやわらかくなるまで煮る。
4. たっぷりの熱湯を沸かし、塩(大さじ1程度)を加えてから全粒粉パスタをゆで、ザルにあげて水けをきる。
5. 3に豆乳を加え、塩、甜菜糖で味をととのえてから4を加えて絡め、仕上げに塩で味をととのえる。
6. 器に5を盛り、パセリのみじん切りを散らす。

かぼちゃのクリーミーパスタ
かぼちゃの甘みがやさしい味

442kcal

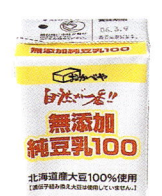

豆乳
洋風料理に使える豆乳。牛乳の代わりとして使うとバリエーションが広がる。

90

コーフーしぐれときのこのパスタ

しっかりしょうゆ味が全粒粉パスタにぴったり！

467kcal

材料（2人分）
- コーフー…80g
- a
  - 混合だし(作り方P16)…1/2カップ(100mℓ)
  - しょうゆ…小さじ2
  - おろししょうが…1/2片分
- しめじ…1パック
- 全粒粉パスタ(乾燥)…160g
- オリーブ油…大さじ2
- b
  - 混合だし(作り方P16)…1/4カップ(50mℓ)
  - 酒…大さじ1
  - しょうゆ…大さじ1
  - みりん…小さじ2
  - 塩…少々
- 刻みのり…適量

作り方
1. コーフーはひと口大に切り、**a**を煮立てた鍋で煮含める。
2. しめじは石づきを切り落として手でほぐす。
3. 全粒粉パスタは塩（大さじ1程度）を加えた熱湯でゆで、ザルにあげて水けをきる（ゆで汁1/2カップ(100mℓ)はとっておく）。
4. フライパンにオリーブ油を熱し、**2**のしめじ、汁けをきった**1**、**3**のパスタを順に加えながら炒め合わせ、**3**のゆで汁、**b**を加えて絡める。
5. 器に**4**を盛り、刻みのりを散らす。

梅しそだれの冷製パスタ

カリカリ油揚げと梅しそだれが絶妙！

382kcal

材料（2人分）
- 梅干し…3個
- 青じそ…2枚
- a
  - 昆布だし(作り方P16)…1/4カップ(50mℓ)
  - しょうゆ…小さじ2
  - 酒…小さじ1
  - みりん…小さじ1
- 油揚げ…1/2枚
- 大根…5cm
- 全粒粉パスタ(乾燥)…160g
- オリーブ油…大さじ1
- 塩…少々

作り方
1. 梅干しは種を取り除いて包丁でたたき、青じそはせん切りにする。
2. **a**を鍋でひと煮立ちさせ、**1**を加えて混ぜ合わせる。
3. 油揚げは油抜きをしてオーブントースターかフライパンでカリカリに焼き、短冊切りにする。大根はすりおろす。
4. 全粒粉パスタは塩（大さじ1程度）を加えた熱湯でゆで、冷水にさらしてからザルにあげてしっかり水けをきる。
5. ボウルに**4**を入れてオリーブ油と塩を加えて混ぜ合わせる。
6. 器に**5**を盛り、**2**をかけ、**3**を上にのせる。

ふわふわ モーニングパンケーキ2種

朝食にぴったりのふわふわパンケーキ

465kcal

材料（各2人分）

＜プレーン＞
- 山いも…100g
- a ┌ 全粒粉…120g
  ├ そば粉…60g
  └ 甜菜糖…20g
- 水…1カップ（200㎖）
- コーン油…大さじ1

＜キャロット風味＞
- 山いも…100g
- にんじん…40g
- a ┌ 全粒粉…120g
  ├ そば粉…60g
  └ 甜菜糖…20g
- 水…1カップ（200㎖）
- コーン油…大さじ1

＜トッピング＞
小豆の甜菜糖煮・コーンとかぼちゃのソテー・おろしにんじん＆りんごと甜菜糖のジャム（作り方P96、97）…各適量

作り方

＊プレーンパンケーキを焼く＊

1. 山いもはすりおろす。
2. ボウルにaを入れて混ぜ合わせてから、1、水の順に加えて混ぜ合わせる。
3. フライパンにコーン油を薄くのばして熱してから、2の1/4量を流し入れて焼く。焼き色がついたら裏返して両面を焼く。これを繰り返して4枚焼く。

＊キャロット風味パンケーキを焼く＊

1. 山いもとにんじんはすりおろす。
2. プレーンパンケーキの作り方2〜3と同様にしてaを入れて混ぜ合わせてから、1、水を加え、4枚焼き上げる。

山いもは皮つきのまますりおろして。

粉と甜菜糖を混ぜ合わせ、山いもを加えてから水を少しずつ加えて混ぜます。

このぐらいのもったり加減になったらOK。

主食 洋風

パン

パン食が好きな人も大丈夫！ 全粒粉とそば粉などをブレンドした手作りパンがおすすめです。野菜たっぷりのDELIやディップと一緒にどうぞ。

そば粉
粒そばの殻を除き、まるごと挽いた粉。そばだけでなく、パンにも利用して。

全粒粉
国産小麦100％のものを選びましょう。食物繊維、ミネラルが豊富。

洋風 / 主食 / パン

ふわふわモーニングパンケーキ2種

マクロビオティックパン2種

そば粉とアーモンドプードルの風味の違いを楽しんで!

277kcal

材料（約12個分）

＜そば粉風味＞
- 全粒粉薄力粉…400g
- 全粒粉強力粉…50g
- そば粉…50g
- 塩…小さじ1½
- オリーブ油…大さじ1½
- 水…220㎖
- 天然酵母種…大さじ3

＜アーモンドプードル風味＞
- 全粒粉薄力粉…400g
- 全粒粉強力粉…50g
- アーモンドプードル…50g
- 塩…小さじ1½
- オリーブ油…大さじ1½
- 水…220㎖
- 天然酵母種…大さじ3

そば粉
そば粉をブレンドすると素朴な味わい。

アーモンドプードル
アーモンドを細かくした粉状のもの。有機を選んで。

作り方

＊そば粉、アーモンドプードル風味同様＊

1. ボウルに材料すべてを入れてよくこねる。
2. **1**の生地を丸めて濡れ布巾をかぶせ、30℃位の室温におき、2倍に膨らむまで3時間ほどおく。
3. **2**を12等分に分けてから成型し、包丁などで表面に切り目を入れて温かいところに1時間ほどおく。
4. **3**を天板に並べ、180℃に熱したオーブンで15分ほど焼く。

洋風

主食

パン

マクロビオティックパン2種

＜上の左から、白身魚とパプリカのマリネ、しめじの香味ソテー、さつまいものディップ（作り方P96、97）＞

マクロビオティックパンで
カフェ風プレートランチ

焼き立てのマクロビオティックパンに、
好みのDELI風おそうざいを添えて。

パンのコラム
酵母種の作り方

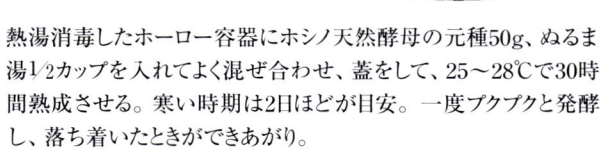

じゅくせいちう

熱湯消毒したホーロー容器にホシノ天然酵母の元種50g、ぬるま湯1/2カップを入れてよく混ぜ合わせ、蓋をして、25〜28℃で30時間熟成させる。寒い時期は2日ほどが目安。一度プクプクと発酵し、落ち着いたときができあがり。

しっかりと力を入れて、押し出すようにこねて。

濡れぶきんをかけて、30℃の室温で3時間。

これが、2倍に膨らんだ様子。

12等分に分けて丸め、包丁などで成型して。

マクロビオティックパンによく合う トッピング＆おかず

マクロビオティックのパンと合わせて食べてほしい、トッピングやおかずを紹介します。
まとめて数種類作っておくと、いつでもいろいろな組み合わせが楽しめます。

白身魚とパプリカのマリネ

材料
- 白身魚（切り身）…2切れ
- 塩…少々・全粒粉…適量
- コーン油…小さじ2
- 赤パプリカ…1/4個
- a
  - オリーブ油…大さじ2
  - 酢・レモンの絞り汁…各大さじ1
  - 米あめ…小さじ1
  - 粒マスタード…大さじ1/2
  - 塩…少々

作り方
1. 白身魚はひと口大に切って塩をふり、全粒粉をまぶしてからコーン油を熱したフライパンで焼いて中まで火を通す。
2. パプリカは細切りにする。
3. **a**をよく混ぜ合わせ、**1**を熱いうちに加える。さらに**2**を加えてよく混ぜ合わせ、味を馴染ませる。

小豆の甜菜糖煮

材料
- 小豆（乾燥）…1/2カップ
- 甜菜糖…大さじ4
- 塩…小さじ1/4

作り方
1. 小豆は洗い、鍋に入れて水を適量加えて火にかけ、煮立ったら一度ザルにあげて水けをきる。再び鍋に入れてたっぷりの水を加えて強火にかけ、煮立ったら弱火にしてやわらかくなるまで1時間ほどゆでる。
2. **1**に甜菜糖と塩を加えて水けが少なくなるまで煮詰め、粗熱をとる。

おろしにんじん＆りんごと甜菜糖のジャム

材料
- にんじん…80g
- 紅玉りんご…40g
- 甜菜糖…大さじ3
- レモンの絞り汁…小さじ2

作り方
1. にんじんとりんごをそれぞれすりおろし合わせておく。
2. 鍋に**1**と甜菜糖を入れて火にかけ、弱火で15分ほど煮込む。
3. **2**にレモンの絞り汁を加え、火からおろす。

洋風 / 主食 / パン

マクロビオティックパンによく合うトッピング&おかず

すり黒ごまと米あめを合わせたディップ

材料
・黒すりごま…大さじ1
・米あめ…大さじ1

作り方
1. 材料をよく混ぜ合わせる。

コーフーのオイスターソース煮とせん切り長ねぎ

材料
・コーフー…80g ・長ねぎ…5cm
a ┌ オイスターソース…小さじ2
  │ しょうゆ・砂糖…各小さじ1
  └ 昆布だし…¼カップ(50ml)

作り方
1. コーフーは1cm角に切る。
2. 鍋で**a**を煮立て、**1**を加えて水けが少なくなるまで煮る。
3. 長ねぎはせん切りにする。
4. 器に**2**と**3**を盛り合わせる。

春菊のこっくりみそ炒め

材料
・春菊…½束
・ごま油…小さじ2
a ┌ みそ…大さじ1
  └ みりん…大さじ1

作り方
1. 春菊はざく切りにし、ごま油を熱したフライパンで炒める。
2. 1に**a**を加えて味をととのえる。

コーンとかぼちゃのソテー

材料
・かぼちゃ…⅛個
・コーン油…小さじ2
・とうもろこし
　(ほぐしたもの)…30g
・塩…少々

作り方
1. かぼちゃは薄切りにする。
2. フライパンにコーン油を熱して**1**を炒め、火が通ったらとうもろこしを加えて炒め合わせ、塩で味をととのえる。

さつまいものディップ

材料
・さつまいも…½本
・レーズン…20g ・プルーン…30g

作り方
1. さつまいもはひと口大に切って鍋に入れ、かぶるくらいの水を加えてからゆでる。
2. 1をザルにあげて水けをきり、熱いうちにすりこ木でよくつぶす。
3. レーズン、プルーンはみじん切りにする。
4. 2に**3**を加えて混ぜ合わせる。

しめじの香味ソテー

材料
・しめじ…½パック
・にんにく…1片
・青じそ…2枚
・オリーブ油…小さじ2
・塩…少々

作り方
1. しめじは石づきを切り落として手でほぐし、にんにく、青じそはみじん切りにする。
2. フライパンにオリーブ油を熱して**1**を炒め合わせ、塩を加えて味をととのえる。

ふわふわモーニングパンケーキで フィッシュサンド

白身魚のフライが入ってボリューム満点！

456kcal

材料（2人分）
- 白身魚（切り身）…2切れ
- しょうゆ…小さじ2
- a ┌ 全粒粉…大さじ2
    └ 水…大さじ2
- 全粒粉パン粉…適量
- コーン油…適量
- キャベツ…2枚
- ふわふわモーニングパンケーキ（作り方P92）…4枚
- 豆腐マヨネーズ（作り方P60）…大さじ2

作り方
1. 白身魚はしょうゆをふり、合わせた**a**、パン粉の順に衣をつける。
2. 1は170℃に熱したコーン油でカラッと揚げる。
3. キャベツはせん切りにする。
4. 1枚のパンに**2**と**3**をのせ、豆腐マヨネーズをかけてもう一枚のパンではさむ。これを2つ作る。

ふわふわモーニングパンケーキで ホトック風

韓国屋台の代表スイーツ。甘い揚げパン風。

541kcal

材料（2人分）
- a ┌ 全粒粉…120g
    │ そば粉…60g
    └ 甜菜糖…20g
- 山いも（すりおろしたもの）…100g
- 水…1カップ
- 黒糖（粉）…大さじ4
- シナモン…小さじ1
- コーン油…適量

作り方
1. ボウルに**a**を入れて混ぜ合わせてから山いも、水の順に加えて混ぜ合わせ、黒糖、シナモンを加えて混ぜ合わせる。
2. フライパンに多めのコーン油を熱し、**1**をひと口大に流し入れて、揚げ焼きにする。

洋風 / 主食 / パン

マクロビオティックパンで カフェサラダ

たっぷりの生野菜と一緒に食べるヘルシーディッシュ

525kcal

材料（2人分）
- マクロビオティックパン（作り方P94）…2〜3個
- グリーンカール…4枚
- にんじん…10g
- 玉ねぎ…1/8個
- a ┌ コーン油…大さじ1
    │ 酢…大さじ1
    │ しょうゆ…大さじ2
    └ 米あめ…大さじ1/2

作り方
1. マクロビオティックパンは1.5cm角切りにする。
2. グリーンカールは食べやすい大きさに手でちぎり、にんじんはせん切りにする。
3. 玉ねぎはすりおろし、**a**を加えてよく混ぜ合わせる。
4. **2**を器に盛り、**1**を散らしてから**3**をかける。

フィッシュサンド／ホトック風／カフェサラダ／パングラタン

マクロビオティックパンで パングラタン

みそ風味の豆乳ソースが味の決め手！

716kcal

材料（2人分）
- 玉ねぎ…1/2個
- コーン油…小さじ2
- 木綿豆腐…1/2丁
- a ┌ 豆乳…1/4カップ（50ml）
    │ 洋風ブイヨン（作り方P17）…1/4カップ（50ml）
    │ みそ…大さじ1
    │ 甜菜糖…小さじ2
    └ 塩…小さじ1/2
- マクロビオティックパン（作り方P94）…3個
- オリーブ油…大さじ1
- 全粒粉パン粉・パセリのみじん切り…各適量

作り方
1. 玉ねぎはみじん切りにし、コーン油を熱したフライパンで炒める。
2. 木綿豆腐はペーパータオルなどで包んでから重石をして水きりをし、**a**と**1**とともにミキサーにかけて滑らかにする。
3. マクロビオティックパンは2cm角に切り、耐熱皿に並べてオリーブ油をかける。
4. **3**に**2**をかけ、パン粉、パセリのみじん切りを散らし、オーブントースターで焼き色がつくまで焼く。

作り置きできる副々菜 ❷
かんたん漬けもの&ふりかけレシピ

漬けものは玄米と相性がよいので、旬の野菜をたっぷり漬けて作り置きしましょう。
ふりかけは、ごまを中心にこちらもまとめて作りましょう。

＊ 保存期間の目安は、ピクルスが冷蔵庫で1週間ほど、
　ほかの漬けものは漬かったらなるべく早めに食べましょう。

にんじんと大根のレモン漬け
皮付きのまま漬けてもおいしい

材料（2人分）
- にんじん…1/3本
- 大根…4cm
- 塩…少々
- レモン…1/3個
- a
  - 混合だし（作り方P16）…1/4カップ（50mℓ）
  - しょうゆ…大さじ1 1/2
  - みりん…小さじ2

作り方
1. にんじん、大根は棒状に切り、塩をふっておく。レモンは輪切りにする。
2. **a**は合わせてひと煮立ちさせる。
3. **1**に**2**を加えて半日ほど漬ける。

白菜のうま味漬け
しょうが風味がさわやか

材料（2人分）
- 白菜…3枚
- 塩…適量
- a
  - 酢…大さじ3
  - しょうゆ…大さじ1½
  - 甜菜糖…大さじ1
- しょうがのせん切り…1片分
- 昆布…3㎝角1枚

作り方
1. 白菜はざく切りにし、塩をふる。しんなりしてきたら水けを絞る。
2. aは鍋でひと煮立ちさせてから粗熱をとる。
3. 2に1、しょうがのせん切り、昆布を加えて半日ほど漬ける。

キャベツのシンプル漬け
旬のキャベツをたっぷり漬けて

材料（2人分）
- キャベツ…⅙個
- 塩…小さじ1
- レモン…¼個

作り方
1. キャベツはざく切りにし、塩をふってよくもみ込む。
2. レモンはいちょう切りにし、1に加えて1時間ほど漬ける。

叩ききゅうりの梅しそ漬け
味がよくしみ込んでおいしい

材料（2人分）
- きゅうり…1本
- 塩…少々
- 青じそ…2枚
- 梅干し…1個
- a
  - しょうゆ…小さじ1
  - みりん…大さじ1

作り方
1. きゅうりは塩をふってからまな板の上で板ずりし、塩を洗い流してからすりこ木などで叩いて食べやすい大きさにする。
2. 青じそはせん切り、梅干しは種を取り除いて包丁で叩き、aを合わせる。
3. 1に2を加えてよくもみ込み1時間ほど漬ける。

かぶの千枚漬け
みずみずしいかぶの甘味を味わって

材料（2人分）
- かぶ…2個
- 塩…小さじ½
- 刻み昆布…5g
- ゆずの皮…½個分

作り方
1. かぶは輪切りにし、平らな容器に半量並べる。
2. 1に塩、刻み昆布、ゆずの皮をそれぞれの半量散らす。
3. 2に残りのかぶとその他の材料を重ねてひと晩ほど漬ける。

にんじんと長いものみそ漬け
パリパリ、サクサク歯ごたえを楽しんで

材料（2人分）
- にんじん…⅓本
- 長いも…5cm
- a
  - みそ…½カップ（115g）
  - みりん…大さじ3
  - しょうゆ…小さじ1

作り方
1. にんじん、長いもは5mm厚さに切る（長いもだけ皮をむく）。
2. 容器に合わせた**a**の半量をのばし、ガーゼを広げてから**1**を並べる。
3. **2**にガーゼをかぶせてから残りの**a**をのばし、ラップをきっちりとかぶせてひと晩ほど漬ける（ガーゼがなければペーパータオルでもOK）。

漬けものコラム-1
漬けものの食べごろって？

野菜の切り方、季節や保存方法によって変わる

食べごろは、野菜の切り方、大きさ、漬け方、季節や保存方法によっても違います。ここで紹介しているものは、味をなじませてすぐにでも、ひと晩しっかり漬けてからでもおいしい漬けものばかりです。

漬けものコラム-2
保存のポイントは？

密閉容器に入れて冷蔵庫で保存を
温度が高いと発酵しすぎて味が落ちます。また空気に触れると酸化し、栄養価も落ちるので密閉容器に入れて冷蔵庫で保存が最適。酢には防腐性を高める効果が、塩には保存性を高める効果があるので上手に利用して。

きゅうりのピクルス
にんじんや小玉ねぎ、キャベツでもOK！

材料（2人分）
- きゅうり…2本
- 塩…少々
- にんにく…1片
- a
  - 白ワイン…½カップ（100㎖）
  - 酢…½カップ（100㎖）
  - 甜菜糖…大さじ5
  - 塩…小さじ½

作り方
1. きゅうりは塩をふってからまな板の上で板ずりし、3㎝長さに切って熱湯をかける。
2. にんにくは薄切りにする。
3. aは合わせてひと煮立ちさせてから粗熱をとる。
4. 容器に1～3を入れてひと晩ほど漬ける。

れんこんのピクルス
食べ応えありの満足漬けもの

材料（2人分）
- れんこん…½節
- しょうが…1片
- a
  - 水…½カップ（100㎖）
  - 酢…½カップ（100㎖）
  - 甜菜糖…大さじ5
  - 塩…小さじ¼

作り方
1. れんこんはいちょう切りにし、熱湯でさっとゆでて水けをきる。
2. しょうがはせん切りにする。
3. aは合わせてひと煮立ちさせてから粗熱をとる。
4. 3に1と2を入れてひと晩ほど漬ける。

ごま塩
玄米をおいしく食べるふりかけNO.1！

材料 (2人分)
・黒ごま…80g
・塩…20g

作り方
1. 塩はフライパンできつね色になるまで炒る。
2. 1の塩をすり鉢に入れ、すりこ木で力を入れてしっとりするまでする。
3. 黒ごまもフライパンで炒り、2のすり鉢に加え、すりこ木で力を入れずに静かに15分ほどする（皮が少しとれるくらいが目安）。

うま味ごま
にんにくじょうゆ風味でごはんがすすむ！

材料（2人分）
- にんにく…1片
- 白ごま…大さじ3
- a［しょうゆ…小さじ2
　　みりん…小さじ2］

作り方
1. にんにくはみじん切りにする。
2. フライパンで白ごま、にんにく、aを合わせて汁けが少なくなるまで炒る。

パリパリごまのり
韓国のり風味付けのり

材料（2人分）
- 焼きのり…1枚
- ごま油…小さじ1
- うま味ごま…小さじ1

作り方
1. 焼きのりは食べやすい大きさに切る。
2. 1にごま油を塗り、うま味ごまを散らす。

玄米茶ふりかけ
香ばしい香りがおいしい

材料（2人分）
- 玄米茶…大さじ2
- 塩…小さじ2

作り方
1. 玄米茶をフードプロセッサーで細かくし、塩を加えて混ぜ合わせる。

＊塩はごま塩の作り方1〜2の要領で炒る。

かぼちゃの種
高たんぱくでビタミン類やミネラルが豊富！

材料（2人分）
- かぼちゃの種…大さじ2
- 塩…小さじ1

作り方
1. かぼちゃの種は粗めに砕いてからフライパンで炒り、熱いうちに塩を加えて混ぜ合わせる。

＊塩はごま塩の作り方1〜2の要領で炒る。

アーモンドとくるみ
箸休めやふりかけにぴったり

材料（2人分）
- アーモンド（殻をむいて）…30g
- くるみ（殻をむいて）…30g
- a ┌ 甜菜糖…大さじ6
   └ しょうゆ…大さじ2

作り方
1. アーモンドとくるみはフライパンでから炒りする。
2. 鍋にaを合わせて火にかけ、とろみがつくまで煮る。
3. バットに1を入れ2を加えて絡め、粗熱をとる。

常備菜コラム
揃えておくと便利な道具

すり鉢やフードプロセッサーがあれば便利！

ごま塩やうま味ごまなどのふりかけは、すり鉢とすりこ木があればOK。玄米茶ふりかけや、かぼちゃの種などはビニール袋に入れて麺棒などで叩くか、フードプロセッサーを使えば硬い食材もかんたんに細かくなります。

おいしい マクロビオティック

中華風のレシピ

献立	おいしい中華風献立………108
主菜	豆腐レシピ………112
主菜	大豆レシピ………116
主菜	納豆レシピ………118
主菜	白身魚レシピ………120
主菜	野菜レシピ………122
副菜	野菜・豆腐レシピ………124
主食	玄米ごはんレシピ………128
主食	麺類レシピ………132

おいしい中華風献立

主食	玄米がゆ（作り方P20）
副菜	豆腐と水菜の香味だれあえ（作り方P127）
副々菜	にんじんと長いものみそ漬け（作り方P102）
副々菜	きくらげのごま油炒め煮（作り方P55）

朝

献立のポイント

おかゆと相性のよい味、食感のものをセレクト！

朝食には消化のいい玄米がゆがおすすめ。合わせるなら、歯ごたえがあり、少し塩けのあるものを選んで。おかずの量が少なくても満足感アリ。

おいしい中華風献立

昼

主食　主菜	たっぷり野菜のうま味チャーハン（作り方P131）
汁もの	豆腐と春雨の中華風スープ（作り方P138）
副菜	レタスと長ねぎのあっさりサラダ（作り方P125）
副々菜	干ししいたけの佃煮（作り方P57）

献立のポイント

チャーハンにはさっぱりサラダを組み合わせて！

残り野菜と玄米を炒めあわせたチャーハンにはさっぱりとしたサラダがよく合います。箸休めに干ししいたけの佃煮を添えて。

おいしい中華風献立——朝・昼

おいしい中華風献立

- **主食** **主菜** 中華あんかけ丼（作り方P130）
- **副菜** かぼちゃのごまあえ（作り方P126）
- **副々菜** れんこんのピクルス（作り方P103）
- **デザート** りんご

夜 1

献立のポイント

こってり中華丼には、さっぱり副々菜＆デザートを

テンペと野菜を使った中華丼はボリューム満点。これ一品でも栄養満点ですが、味の面で飽きがこないように、副菜と副々菜は味に変化をつけて。

おいしい中華風献立

主食	玄米ごはん
汁もの	わかめとごまの韓国風スープ（作り方P138）
主菜	大豆五目あんのマクロ春巻き（作り方P116）
副菜	春雨ときゅうりの甘酢あえ（作り方P126）
デザート	杏仁豆腐風くず餅（作り方P148）

夜 2

献立のポイント

見た目、味のバランスの調和が抜群の献立

中華風の春巻きや、わかめのスープ、春雨のあえものなど、味のバランスが◎。春巻きは揚げてもおいしい。春雨のあえものにはりんごを入れて味に変化を。

おいしい中華風献立——夜1・2

主菜 中華風

豆腐

中華料理は豆腐を多く使います。数種類の野菜と組み合わせて、栄養バランス満点のひと皿を作りましょう。

豆腐とブロッコリーのうま味炒め

オイスターソースが味のポイント！

248kcal

材料（2人分）
- 木綿豆腐…½丁
- ブロッコリー…1株
- にんにく…1片
- しょうが…1片
- 長ねぎ…5cm
- コーン油…大さじ2
- a
  - 中華だし（作り方P17）…¼カップ（50mℓ）
  - しょうゆ…大さじ1
  - 酒…大さじ1
  - 甜菜糖…大さじ½
  - オイスターソース…小さじ2
  - 塩…小さじ¼
- くず粉…適量
- ごま油…小さじ1

作り方
1. 木綿豆腐はペーパータオルなどで包んでから重石をし、しっかりと水きりをし、ひと口大に切る。焼く直前に全粒粉をまぶす。
2. ブロッコリーは小房に分け、塩ゆでする。
3. にんにく、しょうが、長ねぎはそれぞれみじん切りにする。
4. フライパンにコーン油を熱し、3を香りがでるまで炒めてから1を加えて焼きつける。
5. 4に2を加えて炒め合わせてからaを加えて味をととのえる。
6. 5に同量の水で溶いたくず粉を加えてとろみをつけ、仕上げにごま油を加える。

木綿豆腐
豆腐は使い切れなかったら、タッパーに入れて新しい水を加えて冷蔵庫で保存を。

オイスターソース
中華のおかずに、風味づけ程度なら使用も可。コクのある仕上がりに。

献立のヒント
うま味炒めにはスープとサラダでOK。
- 主食　玄米ごはん
- 汁もの　わかめとごまの韓国風スープ（P138）
- 主菜　豆腐とブロッコリーのうま味炒め
- 副菜　レタスと長ねぎのあっさりサラダ（P125）

炒めもの、焼きものに使うときは、しっかりと水きりを。

中華風 | 主菜 | 豆腐

豆腐とブロッコリーのうま味炒め

材料 (2人分)

- 白菜…200g（約2枚）
- 絹ごし豆腐…1/2丁
- 春雨（乾燥）…40g
- にんにく…1片
- しょうが…1片
- ごま油…適量
- a ┌ 中華だし（作り方P17）
    │ …1カップ（200mℓ）
    └ 酒…大さじ1
- b ┌ しょうゆ…大さじ1 1/2〜2
    │ みりん…大さじ1/2
    │ 甜菜糖…小さじ1
    └ 塩…小さじ1/3
- くず粉…適量

作り方

1. 白菜はざく切りにする。
2. 絹ごし豆腐はペーパータオルなどで包んでから重石をし、しっかりと水きりをし、ひと口大に切る。春雨は熱湯に浸して戻し、ザルにあげて水けをきってからざく切りにする。
3. にんにく、しょうがはみじん切りにする。
4. フライパンにごま油大さじ1を熱し、**3**を香りがでるまで炒めてから、**1**を加えて炒め合わせる。
5. **4**に**2**と**a**を加えてひと煮立ちさせてから**b**を加えて味をととのえる。
6. **5**に同量の水で溶いたくず粉を加えてとろみをつけ、仕上げにごま油小さじ1を加える。

豆腐と白菜の中華煮込み

ツルツル春雨がおいしいスープ風

`192kcal`

黒酢
1〜3年かけてゆっくり熟成。まろやかなコクと酸味が特徴。

中華風 / 主菜 / 豆腐

豆腐と白菜の中華煮込み／豆腐ボールの中華揚げ

豆腐ボールの中華揚げ
コクのある黒酢ソースがおいしい！

168kcal

材料（2人分）
- 木綿豆腐…½丁
- にんじん…20g
- 長ねぎ…5cm
- きくらげ（乾燥）…2g
- 干ししいたけ（乾燥）…1枚
- a
  - 中華だし（作り方P17）…小さじ1
  - くず粉…小さじ2
  - 酒…小さじ½
  - しょうゆ…小さじ½
  - 甜菜糖…小さじ½
  - 塩…小さじ¼
- 全粒粉…適量
- コーン油…適量
- b
  - 中華だし…½カップ（100mℓ）
  - 黒酢…大さじ1
  - 甜菜糖…大さじ1
  - しょうゆ…大さじ1
  - 塩…少々
- くず粉…適量

作り方
1. 木綿豆腐はペーパータオルなどで包んでから重石をし、しっかりと水きりをする。
2. にんじん、長ねぎはみじん切りにする。きくらげは水に浸して戻してせん切りにする。干ししいたけは水に浸して戻して石づきを取り除き、みじん切りにする。
3. すり鉢に**1**と**a**を入れてすりこ木ですり合わせる。
4. **3**に**2**を加えて混ぜ合わせ、ひと口大に丸めてから全粒粉をまぶし、170℃に熱したコーン油で揚げる。
5. 鍋で**b**を煮立て、同量の水で溶いたくず粉を加えてとろみをつける。
6. 器に**4**を盛り、**5**をかける。

主菜 中華風

大豆

炒めものや、煮込み、春巻きの具など、中華風のおかずにもよく合う大豆。コクのある中華あんをからめておいしい一品に。

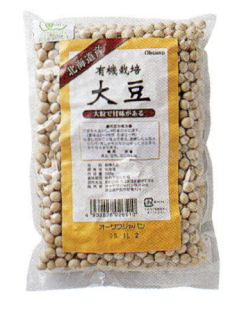

大豆
大豆は遺伝子組み換えでないもの、有機栽培のものを選んで。

大豆五目あんのマクロ春巻き
皮は手作り！トースターでパリッと焼きます

616kcal

材料（2人分）
- 大豆（乾燥）…¼カップ
- にんじん…30g
- ゆでたけのこ…60g
- 干ししいたけ（乾燥）…1枚
- しょうが…1片
- ごま油…小さじ2
- a
  - 中華だし（作り方P17）…½カップ（100㎖）
  - しょうゆ…大さじ1
  - 酒…小さじ2
  - みりん…小さじ2
  - 甜菜糖…小さじ1
  - 塩…少々
- くず粉…適量
- b
  - 全粒粉…50g
  - 塩…少々
  - 豆乳…1カップ（200㎖）
- コーン油…適量

作り方
1. 大豆はたっぷりの水にひと晩浸してから強火にかけ、煮立ったら弱火にしてやわらかくなるまで30分ほどゆでる。
2. にんじん、ゆでたけのこは細切りに、干ししいたけは水に浸して戻し、石づきを切り落として薄切りにする。
3. しょうがはみじん切りにし、ごま油を熱したフライパンで香りがでるまで炒める。
4. **3**に水けをきった**1**と**2**を加えて炒め合わせ、**a**を加えて煮含める。
5. **4**に同量の水で溶いたくず粉を加えてとろみをつける。
6. ボウルに**b**を混ぜ合わせ、熱したテフロン加工のフライパンに流し入れて薄くのばし、クレープ状に4枚焼く。
7. **5**を**6**で包み、表面にコーン油を塗ってオーブントースターで焼き色がつくまで焼く。

表面にコーン油を塗れば、皮がパリッと仕上がります。

116

中華風 / 主菜 / 大豆

大豆とたけのこの中華みそ炒め
最後に長ねぎを加えて風味をアップ！

322kcal

材料（2人分）
- 大豆（乾燥）…½カップ
- ゆでたけのこ…½個
- 干ししいたけ（乾燥）…4枚
- にんにく…1片
- しょうが…1片
- 長ねぎ…5cm
- ごま油…大さじ1
- a
  - 中華だし（作り方P17）…½カップ（100ml）
  - しょうゆ…大さじ1
  - 甜麺醤（または八丁みそ）…大さじ1
  - 酒…小さじ2
  - みりん…小さじ2
  - 甜菜糖…小さじ1
- くず粉…適量

甜麺醤（テンメンジャン）
八丁みそに風味が似ている、北京ダックによく使われる中国の甘みそ。小麦粉に特殊な麹を加え、発酵、醸造して作る。ちょっとしたコクづけに。

作り方
1. 大豆はたっぷりの水にひと晩浸してから強火にかけ、煮立ったら弱火にしてやわらかくなるまで30分ほどゆでる。
2. ゆでたけのこは1.5cm角に、干ししいたけは水に浸して戻し、石づきを切り落としてから1.5cm角に切る。
3. にんにく、しょうが、長ねぎはみじん切りにする。
4. フライパンにごま油を熱し、**3**のにんにく、しょうがを香りがでるまで炒めてから**1**と**2**を加えて炒め合わせる。
5. **4**に**a**を加えて味をととのえる。**3**の長ねぎを加えて風味をつけ、同量の水で溶いたくず粉を加えてとろみをつける。

大豆五目あんのマクロ春巻き／大豆とたけのこの中華みそ炒め

主菜 中華風

納豆

炒めものやチャーハン、そぼろなどにすることで、納豆の粘りも少なくなって食べやすい。野菜との相性もいいので、メインのおかずに。

セロリと大根のシャキシャキ納豆炒め

シャキシャキの野菜がおいしい

316kcal

材料（2人分）
- セロリ…1本
- 大根…8cm
- 長ねぎ…5cm
- ごま油…小さじ2
- a
  - 中華だし（作り方P17）…小さじ2
  - 酒…小さじ2
  - しょうゆ…大さじ1½
  - 甜菜糖…大さじ1
  - 塩…少々
- 納豆…2パック
- しょうゆ…小さじ1
- ごま油…小さじ1

作り方
1. セロリは斜め薄切り、大根は短冊切りにする。
2. 長ねぎはみじん切りにする。
3. フライパンにごま油を熱し、**1**を炒めてから**a**を加えて炒め合わせる。
4. **3**に**2**と納豆を加えてさらに炒め合わせてからしょうゆ、ごま油を加えて味をととのえる。

有機納豆
有機大豆を使用した自然発酵の納豆を選んで。

献立のヒント
野菜＆納豆の炒めものには、甘めのあえものを。

- 主食　玄米ごはん
- 主菜　セロリと大根のシャキシャキ納豆炒め
- 副菜　かぼちゃのごまあえ（P126）
- 副々菜　白菜のうま味漬け（P101）

中華風 / 主菜

納豆

セロリと大根のシャキシャキ納豆炒め／納豆と豆腐そぼろのレタス包み

材料（2人分）
- 木綿豆腐…1/2丁
- 長ねぎ…5cm
- ごま油…小さじ2
- 納豆…2パック
- a
  - 中華だし(作り方P17)…1/4カップ(50mℓ)
  - 甜麺醤…小さじ2
  - しょうゆ…小さじ2
  - 甜菜糖…小さじ2
  - 酒…小さじ1
  - みりん…小さじ1
  - 塩…少々
- レタス…4枚

作り方
1. 木綿豆腐はペーパータオルなどで包んでから重石をし、しっかりと水きりをしてから、1cm角に切る。
2. 長ねぎはみじん切りにする。
3. フライパンにごま油を熱し、2の長ねぎを香りがでるまで炒めてから1と納豆を加えて炒め合わせる。
4. 3にaを加え、煮汁が少なくなるまで炒め煮にする。
5. 器に4を盛り、レタスにのせて包む。

ごま油
有機のごまを炒って作られるごま油がおすすめ。ひとたらしするだけで中華風！

納豆と豆腐そぼろのレタス包み
大豆加工品をダブルで使い、栄養強化！

293kcal

主菜 中華風

白身魚

炒めものや揚げものなど、幅広く使える白身魚。1週間に数回の楽しみをおいしく調理しましょう。

白身魚
消化のよい良質たんぱく質を含み、脂質も少ないのでヘルシー。

白身魚と長ねぎの梅肉ソース炒め

梅干しソースが全体の味を引き締めます

200kcal

材料（2人分）
- 白身魚（切り身）…2切れ
- 酒・塩…各少々
- 全粒粉…適量
- 長ねぎ…1本
- 梅干し…2個
- a
  - 中華だし（作り方P17）…¾カップ（150㎖）
  - しょうゆ…小さじ2
  - 酒…小さじ2
  - みりん…小さじ2
  - 甜菜糖…小さじ2
- コーン油…大さじ1
- くず粉…適量

作り方
1. 白身魚は酒、塩をふり、焼く直前に全粒粉をまぶす。長ねぎは斜めぶつ切りにする。
2. 梅干しは包丁で叩き、**a**を加えて混ぜ合わせる。
3. フライパンにコーン油を熱し、**1**を両面こんがりと焼く。
4. **3**に**2**を加えてひと煮立ちさせてから、同量の水で溶いたくず粉を加えてとろみをつける。

全粒粉をまんべんなくつけて、カリッと焼くのがコツ。

魚コラム 白身魚って、どんな魚？

たら、鯛、ひらめなど身の色が白い魚のこと。

白身魚とひとくちでいっても、種類はさまざま。たらは白身魚の代表ともいえますが、他にも鯛、ひらめ、すずき、かれい、いさきなど味は淡泊で、脂肪が少なく、消化、吸収がよいのが特徴です。反対に赤身魚は、かつお、まぐろなど。マクロビオティックでは、近海の新鮮な白身魚や小魚を選びましょう。

中華風 / 主菜 / 白身魚

白身魚と長ねぎの梅肉ソース炒め／白身魚のサクサクから揚げ

白身魚のサクサクから揚げ

魚のから揚げには、青のり＋塩＋こしょうがおいしい！

151kcal

材料（2人分）
- 白身魚（切り身）…2切れ
- 酒・塩…各少々
- 全粒粉…適量
- コーン油…適量
  - a ┌ 青のり…小さじ2
      ├ 塩…小さじ1/4
      └ こしょう…小さじ1/4

作り方
1. 白身魚はひと口大に切ってから酒、塩をふり、揚げる直前に全粒粉をまぶす。
2. コーン油を170℃に熱し、**1**をカラッと揚げる。
3. **a**を混ぜ合わせ、**2**に添える。

青のり・塩・こしょう
から揚げにかけてさっぱりと。香味ドレッシング（作り方P59）をかけてもおいしい！

主菜 中華風

野菜

よく熱した油で、ザザッと炒めた野菜炒めなどは、それだけで十分においしい中華のおかず。数種類の野菜を調理すればビタミン補給にピッタリです。

シャキシャキ野菜炒め
歯ごたえがおいしい！シンプル炒め

139kcal

材料(2人分)
- スナップえんどう…10本
- れんこん…1/2節
- ブロッコリー…1/2株
- チンゲン菜…1株
- きくらげ(乾燥)…2g
- ごま油…大さじ1
- a
  - 中華だし(作り方P17)…大さじ2
  - 甜菜糖…小さじ1
  - 塩…少々

作り方
1. スナップえんどうは筋を取り除き、れんこんは1cm厚さのいちょう切り、ブロッコリーは小房に分け、チンゲン菜はざく切りにする。
2. きくらげは水に浸して戻し、大きいものは切り分ける。
3. 1のスナップえんどうとブロッコリーは塩ゆでして、ザルにあげる。
4. フライパンにごま油を熱し、全ての材料を炒め合わせ、aを加えて味をととのえる。

きくらげ
きくらげはキノコの仲間。シャキシャキとした歯ごたえが特徴。

れんこん・ブロッコリー・干ししいたけ
歯ごたえがおいしい、れんこんやブロッコリーなどの野菜。干ししいたけは料理にうま味をプラスしてくれます。

122

中華風 | 主菜 | 野菜

シャキシャキ野菜炒め／干ししいたけとたけのこのみそがらめ蒸し

材料（2人分）
- 干ししいたけ（乾燥）…6枚
- ゆでたけのこ…1/2個
- 長ねぎ…5cm
- a
  - ごま油…大さじ2
  - 塩…少々
- b
  - 甜麺醤…大さじ1
  - 甜菜糖…大さじ1
  - 酒…大さじ1
  - しょうゆ…小さじ2

作り方
1. 干ししいたけは水に浸して戻し、石づきを切り落としてから半分のそぎ切りにする。ゆでたけのこは薄切りにする。
2. 長ねぎはみじん切りにし、aを加えて混ぜ合わせてから1に加えて絡める。
3. 2に合わせたbを加えてよくもみ込んでから耐熱皿にのせ、沸騰した蒸し器に入れて3分ほど蒸す。

献立のヒント
野菜の中華蒸しには、豆腐のサラダ&漬けものがよく合う！

- 主食　玄米ごはん＋ごま塩（P104）
- 主菜　干ししいたけとたけのこのみそがらめ蒸し
- 副菜　豆腐の棒々鶏風サラダ（P124）
- 副々菜　叩ききゅうりの梅しそ漬け（P101）

干ししいたけとたけのこのみそがらめ蒸し
うま味たっぷりの中華蒸し

101kcal

副菜 中華風

野菜・豆腐

ごま油と酢をきかせたサラダやあえものは、中華風の副菜にぴったり。豆腐や野菜をふんだんに使って。

豆腐の棒々鶏風サラダ
練りごまソースが本格的！

154kcal

材料（2人分）
- 木綿豆腐…1/2丁
- きゅうり…1/4本
- にんじん…20g
- 長ねぎ…1/4本
- 落花生…10g
- 青じそ…2枚

a
- 中華だし（作り方P17）…大さじ2
- 練りごま…大さじ1
- 酢…小さじ2
- しょうゆ…大さじ1/2
- 酒…大さじ1/2
- 甜菜糖…大さじ1/4

作り方
1. 木綿豆腐はペーパータオルなどで包んでから重石をし、しっかりと水きりをしてから、1cm幅に切る。
2. きゅうり、にんじんは細切りにする。長ねぎは2/3量は細切りに、残りの1/3量はみじん切りにする。
3. 落花生は粗めに砕いてからフライパンでから炒りし、青じそはみじん切りにする。
4. 2のみじん切りの長ねぎと3とaをよく混ぜ合わせる。
5. 器に1を並べて残りの2を盛り合わせ、4をかける。

にんじん・長ねぎなどの野菜、豆腐
豆腐はサラダにしたり、あえ衣にしたりと便利。シャキシャキ感のある野菜がおいしい。

落花生
リノール酸やオレイン酸を多く含み、動脈硬化予防に効果あり。そのままおやつとして、また味のアクセントに。

124

中華風 副菜

野菜・豆腐

豆腐の棒々鶏風サラダ／レタスと長ねぎのあっさりサラダ／にんじんのごま豆腐だれサラダ

レタスと長ねぎのあっさりサラダ
レモン汁の効いた中華ドレッシングがポイント！

108kcal

材料（2人分）
- レタス…1/3個
- 長ねぎ…1/2本
- とうもろこし…1/2本
- a
  - しょうゆ…大さじ2
  - ごま油…大さじ1
  - レモンの絞り汁…大さじ1

作り方
1. レタスは食べやすい大きさに手でちぎり、長ねぎは縦半分に切ってから斜め薄切りにする。
2. とうもろこしは塩ゆでしてから、実をほぐす。
3. **1**に合わせた**a**を加えて混ぜ合わせて器に盛り、**2**を散らす。

にんじんのごま豆腐だれサラダ
豆腐だれはレタスやわかめなどにもぴったり

165kcal

材料（2人分）
- にんじん…1本
- a
  - コーン油…小さじ2
  - 酢…小さじ2
  - 白ごま…小さじ1
  - 塩…少々
- 絹ごし豆腐…1/3丁
- 長ねぎ…5cm
- しょうが…1片
- b
  - しょうゆ…大さじ1
  - ごま油…小さじ2
  - 甜菜糖…小さじ2
  - 酒…小さじ1
  - 塩…少々

作り方
1. にんじんはピーラーで薄くスライスし、熱湯でさっとゆで、ザルにあげて水けをきる。
2. **1**に合わせた**a**を絡める。
3. 絹ごし豆腐は熱湯でゆがきペーパータオルなどで包んで、しっかりと水きりをしてからすり鉢に入れて滑らかになるまですりこ木でする。
4. 長ねぎ、しょうがはみじん切りにし、**3**に加えて混ぜ合わせ、さらに**b**を加えてよく混ぜ合わせる。
5. 器に**2**を盛り、**4**をかける。

春雨ときゅうりの甘酢あえ
りんごが味のアクセントに

89kcal

材料（2人分）
- 春雨（乾燥）…30g
- きゅうり…1/2本
- りんご…1/8個
- a ┃ しょうゆ…大さじ1
    ┃ 酢…大さじ2
    ┃ 甜菜糖…小さじ2
- 白いりごま…小さじ1

作り方
1. 春雨は熱湯に浸して戻し、水けをきってからざく切りにする。
2. きゅうりは縦半分に切ってから斜め薄切り、りんごはいちょう切りにする。
3. 1と2にaを加えて混ぜ合わせ、器に盛り付けて白いりごまを散らす。

玄米酢
マクロビオティックで、お酢を使うならミネラルがたっぷりの玄米酢がおすすめ。

かぼちゃのごまあえ
コックリとした練りごまだれがやさしい味

177kcal

材料（2人分）
- かぼちゃ…1/6個
- a ┃ 練りごま…大さじ2
    ┃ 酢…大さじ1
    ┃ しょうゆ…大さじ1
    ┃ 甜菜糖…大さじ1/2

作り方
1. かぼちゃは種を取り除き、ひと口大に切ってから熱湯でゆで、ザルにあげて水けをきる。
2. aはよく混ぜ合わせ、1に加えてあえる。

豆腐と水菜の香味だれあえ
香味野菜たっぷりのたれがおいしい！

121kcal

材料（2人分）
- 木綿豆腐…½丁
- 水菜…1株
- ごま油…小さじ2
- 長ねぎ…5cm
- しょうが…1片
- 青じそ…2枚
- a 酢…大さじ1
  しょうゆ…大さじ2
  甜菜糖…小さじ2

作り方
1. 木綿豆腐はペーパータオルなどで包んでから重石をし、しっかりと水きりをし、1cm角に切る。
2. 水菜はざく切りにし、1とごま油を加えてあえる。
3. 長ねぎ、しょうが、青じそはみじん切りにし、aを加えて混ぜ合わせる。
4. 2に3を加えてあえる。

マクロの麻婆丼

コーフー入り麻婆豆腐を玄米ごはんにたっぷりかけて

515kcal

材料（2人分）
- 絹ごし豆腐…1丁
- コーフー…100g
- a
  - しょうゆ…大さじ1
  - みりん…大さじ1
- 長ねぎ…5cm
- にんにく…1片
- しょうが…1片
- ごま油…適量
- 中華だし（作り方P17）
  …¾カップ（150㎖）
- b
  - 甜麺醤…大さじ1½
  - 酒…大さじ1½
  - しょうゆ…大さじ1
  - 甜菜糖…小さじ1
  - 塩…少々
- くず粉…適量
- 玄米ごはん…茶碗2杯分
- 万能ねぎの小口切り…適宜

作り方
1. 絹ごし豆腐はペーパータオルなどで包んでから重石をし、しっかりと水きりをし、1cm角に切る。
2. コーフーはみじん切りにし、**a**で下味をつける。
3. 長ねぎ、にんにく、しょうがはみじん切りにする。
4. フライパンにごま油大さじ1を熱し、**3**を香りがでるまで炒めてから**2**を加えて炒め合わせる。
5. **4**に中華だし、**1**と**b**を順に加えて炒め合わせる。同量の水で溶いたくず粉を加えてとろみをつける。
6. **5**にごま油少量を加えて風味をつけ、玄米ごはんを盛った器に盛り付け、万能ねぎを散らす。

コーフー
「小麦の肉」と呼ばれる小麦のグルテン。肉の代わりに。

水で溶いたくず粉をまわしかけて、とろみをつけて。

主食　中華風

玄米ごはん

中華風のごはん料理といえば、チャーハンや中華丼などがありますが、玄米を使ってもおいしく作れます！ぜひ、挑戦してみましょう。

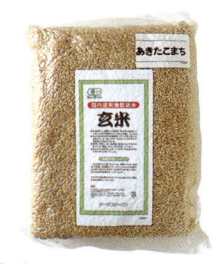

玄米
数ある栄養素の中でもビタミンB類が豊富。疲労回復にも。

献立のヒント

ボリューム満点の丼には、スープ&春雨のあえもので！

- **主食&主菜**　マクロの麻婆丼
- **汁もの**　わかめとごまの韓国風スープ（P138）
- **副菜**　春雨ときゅうりの甘酢あえ（P126）
- **副々菜**　きくらげのごま油炒め煮（P55）

中華風　主食

玄米ごはん

マクロの麻婆丼

中華あんかけ丼

テンペを加えてボリューム満点!

501kcal

テンペ
揚げてもよし、炒めてもよし。ノンコレステロールなのがうれしい。

材料(2人分)
- 長ねぎ…5cm
- 白菜…200g(約2枚)
- きくらげ(乾燥)…2g
- にんじん…1/4本
- しいたけ…2枚
- テンペ…80g
- a ┃ しょうゆ…小さじ2
  ┃ みりん…小さじ2
- コーン油…大さじ1
- b ┃ 中華だし(作り方P17)…1 1/4カップ(250ml)
  ┃ しょうゆ…大さじ2
  ┃ 酒…小さじ2
  ┃ 甜菜糖…小さじ1
  ┃ 塩…少々
- くず粉…適量
- ごま油…小さじ1
- 玄米ごはん…茶碗2杯分

作り方
1. 長ねぎは小口切りに、白菜はざく切り、きくらげは水に浸して戻し、大きいものは切り分け、にんじんは短冊切り、しいたけは石づきを切り落として薄切りにする。

2. テンペはひと口大に切って**a**で下味をつける。

3. フライパンにコーン油を熱し、**1**の長ねぎを香りがでるまで炒めてから、残りの**1**と**2**を加えて炒め合わせる。

4. 3に**b**を加えてひと煮立ちしたら、同量の水で溶いたくず粉を加えてとろみをつけ、ごま油を加えて風味をつける。

5. 器に玄米ごはんを盛り、**4**をかけていただく。

納豆チャーハン

わかめの塩けがおいしいヘルシーチャーハン！

482kcal

材料（2人分）
- 長ねぎ…10cm
- 万能ねぎ…3本
- コーン油…大さじ1
- 玄米ごはん…茶碗2杯分
- a
  - 中華だし（作り方P17）…大さじ1
  - 酒…小さじ1
  - みりん…小さじ1
  - しょうゆ…小さじ1
  - 塩…小さじ1/4
- 納豆…2パック
- 乾燥わかめ…大さじ2
- しょうゆ・塩…各少々

作り方
1. 長ねぎはみじん切りにする。
2. 万能ねぎは小口切りにする。
3. フライパンにコーン油を熱し、**1**と玄米ごはんを順に加えて炒め合わせる。
4. **3**に**a**を加えてさらに炒め合わせてから、納豆と乾燥わかめを加え、しょうゆ、塩で味をととのえる。
5. 器に**4**を盛り、**2**を散らす。

乾燥わかめ
常備しておくと便利。炒めものやスープにさっと使える。

たっぷり野菜のうま味チャーハン

高菜漬けが味のポイント！

387kcal

材料（2人分）
- キャベツ…1枚
- にんじん…20g
- 高菜漬け…20g
- 干ししいたけ（乾燥）…1枚
- 長ねぎ…5cm
- コーン油…大さじ1
- 塩…少々
- 玄米ごはん…茶碗2杯分
- a
  - 中華だし（作り方P17）…大さじ1
  - 酒…小さじ1
  - みりん…小さじ1
  - しょうゆ…小さじ1
  - 塩…小さじ1/4
- 白いりごま…小さじ2
- ごま油…小さじ1

作り方
1. キャベツ、にんじん、高菜漬けはみじん切り、干ししいたけは水に浸して戻してから石づきを切り落としてみじん切りにする。
2. 長ねぎはみじん切りにする。
3. フライパンにコーン油を熱し、**1**を炒め合わせてから塩をふり、玄米ごはんを加えてさらに炒め合わせる。
4. **3**に**a**を加えて味をととのえ、**2**と白いりごまを加えて炒め、仕上げにごま油を加える。

材料（2人分）

- 白菜…200g（約2枚）
- にんじん…1/4本
- 長ねぎ…1/2本
- 干ししいたけ（乾燥）…2枚
- あさり（殻つき）…80g
- ごま油…小さじ2
- a
  - 中華だし（作り方P17）…2/3カップ（150㎖）
  - しょうゆ…大さじ1 1/2
  - 酒…小さじ1
  - 甜菜糖…小さじ1
  - 塩…少々
- くず粉…適量
- b
  - 中華だし（作り方P17）…3カップ（600㎖）
  - しょうゆ…大さじ1 1/2
  - 酒…小さじ1
  - 甜菜糖…小さじ1
  - ごま油…小さじ1
  - 塩…小さじ1/2
- 春雨（乾燥）…80g

作り方

1. 白菜はざく切り、にんじんは短冊切り、長ねぎは分量の半分は縦半分に切ってからざく切り、残り半分は小口切りにする。
2. 干ししいたけは水に浸して戻し、石づきを切り落としてそぎ切りに、あさりはよく洗ってから海水程度の塩水に浸して砂出しする。
3. フライパンにごま油を熱し、**1**のざく切りの長ねぎと**2**を炒め合わせ、**a**を加えてひと煮立ちさせてから、同量の水で溶いたくず粉を加えてとろみをつける。
4. 鍋で**b**を温め、**1**の小口切りの長ねぎ、春雨を加えて煮、春雨がやわらかくなったら汁ごと器に盛る。
5. **4**に**3**をかける。

春雨で広東風麺
とろりとした野菜あんがたっぷり！

545kcal

主食
中華風

麺類

中華といえば、ラーメンや焼きそばが思い浮かびます。マクロビオティックでは、オーガニックの麺または、緑豆春雨を使います。いろいろアレンジしてみて。

緑豆春雨・オーガニック麺
じゃがいもではなく緑豆を原料とする春雨を。国内産小麦粉100％の麺を選んで。

中華風 / 主食 / 麺類

春雨と豆腐で坦々麺風
コクのある練りごまソースが本格風

450kcal

材料（2人分）
- 木綿豆腐…1/2丁
- 長ねぎ…1/2本
- にら…1/2束
- ごま油…小さじ2
- a
  - 練りごま…大さじ2 1/2
  - しょうゆ…大さじ2
  - 甜菜糖・酒…各大さじ1
  - 塩…小さじ1/4
- b
  - 中華だし（作り方P17）…3カップ（600mℓ）
  - しょうゆ…大さじ2 1/2
  - 酒…大さじ1
  - 甜菜糖…小さじ1
  - ごま油…小さじ1
  - 塩…小さじ1/2
- 春雨（乾燥）…80g

作り方
1. 木綿豆腐はペーパータオルなどで包んでから重石をし、しっかりと水きりをして1cm角に切る。
2. 長ねぎは半分量はみじん切りに、残り半分は小口切りにする。
3. にらはざく切りにする。
4. フライパンにごま油を熱し、**2**のみじん切りの長ねぎ、**1**と**3**を炒め合わせ、**a**を加えて味をととのえる。
5. 鍋で**b**を温め、**2**の小口切りの長ねぎ、春雨を加えて煮、春雨がやわらかくなったら汁ごと器に盛る。
6. **5**に**4**をかける。

春雨で広東風麺／春雨と豆腐で坦々麺風／オーガニック焼きそば

オーガニック焼きそば
オイスターソース味のうま味そば

447kcal

材料（2人分）
- 長ねぎ…1/2本
- キャベツ…100g（約2枚）
- にんじん…1/4本
- オーガニック麺…2玉
- コーン油…大さじ1
- ちりめんじゃこ…大さじ2
- a
  - 中華だし（作り方P17）…大さじ1
  - しょうゆ…大さじ1
  - オイスターソース…小さじ2
  - 酒…小さじ2
  - 塩…少々

作り方
1. 長ねぎは斜め薄切り、キャベツ、にんじんはせん切りにする。
2. オーガニック麺はザルにのせてから熱湯をかける。
3. フライパンにコーン油を熱し、**1**とちりめんじゃこを炒め合わせてから**2**を加えてさらに炒め合わせる。
4. **3**に**a**を加えて味をととのえる。

みそ汁・スープレシピ

玄米ごはんに欠かせないのが、汁もの。
和、洋、中に合わせた汁もの&スープを紹介します。
パサパサしがちな玄米も食べやすく、健康に役立ちます。

豆みそ
厳選した丸大豆を原料に3年ほど長期熟成させたみそ。無添加のものを選んで。

せん切り野菜のみそ汁
野菜は一度炒めてコクをアップ

材料(2人分)
- ごぼう…1/4本
- にんじん…20g
- 大根…40g
- ごま油…小さじ2
- 混合だし(作り方P16)…1½カップ(300㎖)
- みそ…大さじ1⅓

作り方
1. ごぼう、にんじん、大根は細切りにする。
2. 鍋にごま油を熱して**1**を炒め合わせ、混合だしを加えてひと煮立ちさせる。
3. **2**にみそを加えて溶かす。

糸寒天のみそ汁
食物繊維がたっぷりでおいしい！

材料（2人分）
- 糸寒天…4本
- 白菜…1枚
- 万能ねぎ…2本
- 混合だし（作り方P16）…1½カップ（300㎖）
- みそ…大さじ1⅓

作り方
1. 糸寒天は水に浸して戻し、ざく切りにする。
2. 白菜は葉の厚い部分はそぎ切り、薄い部分はざく切りにする。
3. 万能ねぎは小口切りにする。
4. 鍋で混合だしを温めて**2**を加え、白菜がやわらかくなったらみそを加えて溶かす。
5. 器に**4**を盛り、**1**と**3**をのせる。

糸寒天
寒天には棒寒天、糸寒天、粉寒天と種類もさまざま。糸寒天は汁ものの具にもなるのでおすすめ。

ねばねば長いものみそ汁
とろとろ口あたりがなめらか！

材料（2人分）
- 長いも…5㎝
- 青じそ…2枚
- 混合だし（作り方P16）…1½カップ（300㎖）
- みそ…大さじ1⅓

作り方
1. 長いもは細切り、青じそはせん切りにする。
2. 鍋で混合だしを温め、みそを加えて溶かす。
3. 器に**1**を盛り、**2**を注ぐ。

おいもとかぼちゃのホクホク汁
甘味がおいしい満足の一品

材料（2人分）
- さつまいも…30g
- かぼちゃ…30g
- 里いも…30g
- 混合だし（作り方P16）…1½カップ（300㎖）
- みそ…大さじ1⅓

作り方
1. さつまいも、かぼちゃは1㎝角に、里いもは皮をむいてから1㎝角に切る。
2. 鍋に混合だし、**1**を入れてやわらかくなるまで煮てみそを加えて溶かす。

とろろ昆布のお吸いもの
とろろ昆布は最後に入れて

材料（2人分）
- 長ねぎ…3cm
- 混合だし（作り方P16）
　…1½カップ（300㎖）
- a ┌ 塩…小さじ¼
　　└ しょうゆ…小さじ1
- とろろ昆布…8g

作り方
1. 長ねぎは小口切りにする。
2. 鍋で混合だしを温め、aを加えて味をととのえる。
3. 器にとろろ昆布、1を入れて2を注ぐ。

焼き麩とごまのお吸いもの
麩は大切なたんぱく源！

材料（2人分）
- 車麩（乾燥）…2枚
- 白いりごま…小さじ2
- 万能ねぎ…2本
- 混合だし（作り方P16）
　…1½カップ（300㎖）
- a ┌ 塩…小さじ⅓
　　├ 薄口しょうゆ
　　└ 　…小さじ1

作り方
1. 車麩は水に浸して戻してから、水けをきる。白いりごまはフライパンで炒ってからすり鉢でする。
2. 万能ねぎは小口切りにする。
3. 鍋で混合だしを温め、aを加えて味をととのえる。
4. 器に1を盛って3を注ぎ、2を散らす。

車麩
小麦粉に水を加えてこねてできるグルテンを成型して焼いたものが、焼き麩。マクロビオティックでは大切なたんぱく源です。汁ものはもちろん、フライや炒めものにもよく合う。

汁ものコラム
具は何がおすすめ？

野菜、海藻、豆腐などを具にしていただきましょう。

汁ものは、海藻、野菜、豆製品を取り入れやすいので、献立を考えるときに重要です。玄米とごま塩と梅干しという朝の献立に「根菜類のみそ汁」を一品つけるだけで、ビタミン、ミネラル類をたっぷり補うことができます。

にんじんとセロリのコンソメスープ
野菜のうま味をじんわり味わって

材料（2人分）
- にんじん…1/4本
- セロリ…1/2本
- オリーブ油…小さじ2
- 洋風ブイヨン（作り方P17）…2カップ（400㎖）
- 塩…小さじ1/4

作り方
1. にんじん、セロリは短冊切りにする。
2. 鍋にオリーブ油を熱して**1**を炒め、野菜がしんなりしたら洋風ブイヨンを加える。
3. **2**が煮立ったら塩を加えて味をととのえる。

かぼちゃの豆乳スープ
豆乳とかぼちゃの相性は抜群

材料（2人分）
- 玉ねぎ…1/2個
- かぼちゃ…80g
- 万能ねぎ…2本
- オリーブ油…小さじ2
- **a** [豆乳…1・1/2カップ（300㎖）／洋風ブイヨン（作り方P17）…1/2カップ（100㎖）]
- 塩…小さじ1/4

作り方
1. 玉ねぎは薄切り、かぼちゃは1㎝厚さに切る。万能ねぎは小口切りにする。
2. 鍋にオリーブ油を熱し、**1**の玉ねぎ、かぼちゃを炒め合わせ、野菜がしんなりしたら**a**を加える。
3. **2**が煮立ったら塩を加えて味をととのえる。
4. 器に盛り、**1**の万能ねぎを散らす。

わかめとごまの韓国風スープ
ごまとわかめと長ねぎのおいしい組み合わせ

材料(2人分)
- 乾燥わかめ…3g
- 長ねぎ…5cm
- 中華スープ(作り方P17)…2カップ(400㎖)
- a ┌ 塩…小さじ1/3
  └ 酒…小さじ1
- 白いりごま…小さじ1
- ごま油…小さじ1

作り方
1. 乾燥わかめは水に浸して戻し、ざく切りにする。長ねぎは小口切りにする。
2. 鍋に中華スープを入れて温め、aを加えて味をととのえる。
3. 2に1と白いりごまを加えてひと煮立ちさせ、仕上げにごま油を加えて風味をつける。

豆腐と春雨の中華風スープ
干ししいたけのうま味たっぷりスープ

材料(2人分)
- 絹ごし豆腐…1/4丁
- 春雨(乾燥)…20g
- 干ししいたけ(乾燥)…1枚
- にんにく…1片
- しょうが…1片
- ごま油…小さじ2
- 中華スープ(作り方P17)…2カップ(400㎖)
- a ┌ しょうゆ…大さじ1
  │ みりん…小さじ2
  └ 塩…小さじ1/4
- くず粉…適量
- ごま油…小さじ1

作り方
1. 絹ごし豆腐はペーパータオルなどで包んで重石をし、しっかり水きりしてから短冊切りにする。春雨は熱湯に浸して戻し、水けをきってからざく切りにする。
2. 干ししいたけは水に浸して戻し、石づきを切り落としてそぎ切りにする。にんにく、しょうがはみじん切りにする。
3. 鍋にごま油を熱して2を香りがでるまで炒めてから中華スープを加える。
4. 3が煮立ったら1を加え、aで味をととのえる。
5. 4に同量の水で溶いたくず粉を加えてとろみをつけてからごま油を加えて風味をつける。

＊お好みで黒酢を加えても。

おいしい マクロビオティック

おやつ&デザート
のレシピ

ケーキ・クッキーレシピ……… 140
ムース・ゼリーレシピ……… 146
フルーツレシピ……… 150
豆・いも他レシピ……… 152

デザート

ケーキ・クッキー

マクロビオティックのデザートは、素朴な味。しっかりとした歯ごたえと、ほのかな甘味がおいしい。全粒粉を使ったケーキとクッキーにまずはチャレンジ！

かぼちゃと豆乳のベイクドケーキ風

しっかりとした味わいの素朴なデザート

295kcal

材料(17cm×8cm長方形ケーキ型1個分)
- かぼちゃ…¼個
- a
  - 豆乳…½カップ(100㎖)
  - レモンの絞り汁…大さじ1
  - 米あめ…大さじ6
  - シナモンパウダー…少々
  - 砕いたピーナッツ…20g
- 山いも…25g
- 全粒粉…50g
- 全粒粉クッキー…100g
- 豆乳…50㎖

作り方
1. かぼちゃは皮つきのままひと口大に切ってから熱湯でゆで、ザルにあげて水けをきる。
2. 1を鍋に入れ、aを加えて弱火にかけ、かぼちゃをつぶしながらじっくりと練り合わせる。
3. 2にすりおろした山いもと全粒粉を加えて混ぜ合わせる。
4. 全粒粉クッキーは粗く砕き、豆乳を加えて混ぜ合わせてからケーキ型に敷き詰める。
5. 4に3を詰め、180℃に熱したオーブンで30分焼く。
6. 5は粗熱をとってから冷蔵庫で冷やし、型からはずして切り分ける。

全粒粉・オートミール
小麦をまるごと粉にした全粒粉はお菓子作りにも使います。オートミールはえんばくが原料で食物繊維は玄米の約3倍！

全粒粉クッキーを敷き詰めたあとに、生地を詰めて。

紅茶やコーヒーのこと

ノンカフェイン、無農薬のものがおすすめ！

マクロビオティックでは、刺激の強いカフェインなどはなるべく避けるようにしています。穀物やたんぽぽが原料のコーヒー風ノンカフェイン飲料や、有機栽培された紅茶などを選んで。

デザート

ケーキ・クッキー

かぼちゃと豆乳のベイクドケーキ風

材料（直径15cmケーキ型1個分）
- アーモンド…20g
- くるみ…20g
- レーズン…20g
- 干しあんず…20g
- 山いも…70g
- a
  - 全粒粉…100g
  - オートミール…40g
  - 甜菜糖…30g
  - りんごジュース…大さじ4
- b
  - 甜菜糖…30g
  - 水…大さじ½

作り方
1. アーモンド、くるみは粗めに砕き、レーズン、干しあんずはみじん切りにする。
2. 山いもはすりおろしてボウルに移し、**a**と**1**を加えて混ぜ合わせる。
3. **2**を型に入れ、蒸し器で15分ほど蒸す。
4. 鍋で**b**を温め、甜菜糖を溶かし、シロップを作る。
5. 蒸し上がった**3**に**4**を塗り、オーブントースターで5分ほど表面をこんがりと焼く。

ドライフルーツとナッツのケーキ
ざっくりとしたナッツとドライフルーツがおいしい！

150kcal

フレッシュジャムのミルクレープ

いちごジャムをたっぷり挟んで

163kcal

材料（直径約17cm 1台分）
- いちご…300g
- 甜菜糖…大さじ5
- レモンの絞り汁…大さじ1
- a
  - 全粒粉…200g
  - 塩…少々
  - 豆乳…4カップ（800mℓ）
- コーン油…適量

作り方
1. いちごはフォークでつぶして鍋に入れ、甜菜糖を加え、中火で煮込む。
2. **1**のいちごがやわらかくなったらレモンの絞り汁を加えて火をとめる。
3. **a**を混ぜ合わせ、コーン油を薄くのばして熱したフライパンでクレープ状に10枚ほど焼く。
4. **3**と**2**を交互に重ねる。

デザートコラム　おすすめのおやつは？

天然素材のおやつを用意しましょう

マクロビオティックでは、天然素材のおやつをすすめています。干しあんずやプルーンなどの干し果物＆野菜、また栗やひまわりの種、落花生などの種実類も栄養価が高くおすすめのおやつです。自然の甘みを大切に、甘みをつけるなら、甜菜糖や米あめがおすすめ。

おからとレモンのクッキー

食べ応え満点のダイエットクッキー

112kcal

材料（約10枚分）
- ドライおから…50g
- 全粒粉…100g
- シナモンパウダー…小さじ1
- 菜種油…大さじ1½
- a
  - レモンの絞り汁…小さじ2
  - しょうがの絞り汁…小さじ2
  - 米あめ…大さじ4
- 豆乳…大さじ5

作り方
1. ボウルにドライおから、全粒粉、シナモンパウダーを入れて混ぜ合わせる。
2. 別のボウルに菜種油を入れ、**a**を少しずつ加えながら乳化するように泡立て器で混ぜ合わせる。
3. **1**に**2**を入れてざっくりと混ぜ合わせ、手をこすり合わせるようにして粉が全体にさらさらになるように、よく合わせる。
4. **3**に豆乳を加え、木べらなどでざっくりと混ぜ合わせる。
5. **4**を手でひとまとめにし、ラップをして冷蔵庫で30分以上寝かす。
6. **5**を1cm厚さにのばしてから型で抜き、180℃に熱したオーブンで25分ほど焼く。

ドライおから
日持ちしない生のおからと違い、常温で長期保存が可能。クッキーやケーキ作りに便利。

材料（約10個分）

- かぼちゃ…50g
- 全粒粉…100g
- かぼちゃの種…大さじ2
- 塩…小さじ1/4
- 米あめ…大さじ1
- メープルシロップ…大さじ2
- 豆乳…大さじ3

作り方

1. かぼちゃはひと口大に切って鍋に入れ、かぶるくらいの水を加えてからゆでる。
2. **1**はザルにあげて水けをきり、熱いうちにすりこ木でよくつぶす。
3. **2**に全粒粉、かぼちゃの種、塩、米あめ、メープルシロップ、豆乳を順に加えて混ぜ合わせる。
4. **3**をスプーンですくって天板に落とし、180℃に熱したオーブンで20分焼く。

かぼちゃとかぼちゃの種のクッキー

かぼちゃの種が香ばしい！

86kcal

かぼちゃの種
かぼちゃの種は高たんぱくでビタミン類やミネラルも豊富。スナックとしてもおすすめ。

デザート

ムース・ゼリー

動物性たんぱく質は使えないため、ゼラチンの代わりに寒天やくず粉を使ってデザートを作りましょう。ごまや干し果物などを合わせて。

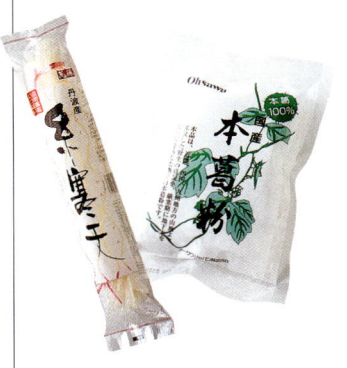

寒天・くず粉
糸寒天、粉寒天など用途によって使い分けて。食物繊維が豊富。くず粉はもっちりとした食感に。

白ごまのブラマンジェ風
すりごまの風味がおいしい

189kcal

材料（2個分）
- 白いりごま…大さじ3
- 豆乳…1½カップ（300㎖）
- 粉寒天…3g
- 甜菜糖…大さじ3

作り方
1. 白いりごまはすり鉢でする。
2. 鍋に豆乳と粉寒天と甜菜糖を入れて火にかけ、煮立ったら弱火にして1分ほど混ぜながら溶かす。
3. 2に1を加えて混ぜ合わせてプリン型に流し入れ、粗熱をとってから冷蔵庫で冷やし固める。

あんずのプチムース
型がなくてもラップでできる！

70kcal

材料（4個分）
- 干しあんず…5個
- 豆乳…1½カップ（300㎖）
- 粉寒天…3g
- 甜菜糖…大さじ2

作り方
1. 干しあんずはみじん切りにする。
2. 鍋に豆乳と粉寒天と甜菜糖を入れて火にかけ、煮立ったら弱火にして1分ほど混ぜながら溶かす。
3. 2に1を加えて混ぜ合わせ、ひと口大にラップで包んでからゴムなどで口を閉じて巾着状にする。
4. 3を冷蔵庫で冷やし固める。

干しあんず
カロテンが豊富な干しあんず。そのままでも、お菓子作りにもぴったり。

材料（2人分）

a
- 豆乳…2カップ（400㎖）
- 杏仁霜…大さじ2
- 甜菜糖…30g
- くず粉…40g

b
- 甜菜糖…大さじ3
- 水…¼カップ（50㎖）

作り方

1. aは鍋に入れてよく混ぜ合わせてから火にかけ、絶えずかき混ぜ、とろみがついてきたらボウルに移し、冷蔵庫で冷やし固める。
2. 別の鍋でbを温め、甜菜糖を溶かしてシロップを作り、粗熱をとる。
3. 1をスプーンですくって器に盛り、2をかける。

杏仁豆腐風くず餅
もっちりとしたくず餅の食感を生かして

309kcal

玄米寒天のあんみつ

玄米茶風味の寒天はさっぱり味！

96kcal

材料（寒天型1個分）
- 玄米茶…2カップ（400㎖）
- 粉寒天…4g
- 小豆（乾燥）…大さじ2 1/2
- 甜菜糖…大さじ2

作り方
1. 鍋に玄米茶と粉寒天を入れて火にかけ、煮立ったら弱火にして1分ほど混ぜながら溶かす。
2. 1を寒天型に流し入れ、粗熱をとってから冷蔵庫で冷やし固める。
3. 鍋に小豆を入れ、たっぷりの水を加えてから火にかけ、沸騰したらゆで汁を捨てる。再びたっぷりの水を加えてやわらかくなるまでゆでる。
4. 小豆がやわらかくなったら甜菜糖を加えて煮汁が少なくなるまで煮る。
5. 4は十分に冷まし、食べやすい大きさに切った2に添える。

梅じそゼリー仕立て

甘酸っぱい懐かしいゼリー

58kcal

材料（2個分）
- 梅干し…2個
- 青じそ…2枚
- 水…1 1/2カップ（300㎖）
- 粉寒天…4g
- 甜菜糖…大さじ4

作り方
1. 梅干しは種を取り除いて包丁で叩いて細かくし、青じそはみじん切りにする。
2. 鍋に水と粉寒天と甜菜糖を入れて火にかけ、煮立ったら弱火にして1分ほど混ぜながら溶かす。
3. 2に1を加えて混ぜ合わせてゼリー型に流し入れ、粗熱をとってから冷蔵庫で冷やし固める。

デザート

フルーツ

マクロビオティックでは、身土不二という考え方に基づき、フルーツは南国フルーツは使わず、日本でとれるりんごやいちご、みかんなどを食べます。

りんご・いちご・みかんなど
旬の一番おいしい果物を選んで、献立に取り入れましょう。

ベイクドアップル
オーブンでじっくり焼き上げて
121kcal

材料（2人分）
- りんご…1個
- 白ワイン…大さじ1
- 甜菜糖…大さじ1
- シナモンパウダー…小さじ1
- レーズン…20g

作り方
1. りんごはくし形に切り、芯を取り除いて耐熱皿に並べる。
2. 1に白ワイン、甜菜糖、シナモンパウダーをふりかける。
3. 2は200℃に熱したオーブンで30分ほど焼き、レーズンを散らす。

シナモン
りんごと相性のよい香辛料。スティックタイプと粉末タイプがあるが、用途によって使い分けて。

いちごと豆乳でスムージー風

とろとろさわやか！クリーミー！！

122kcal

材料（2人分）
- 冷凍いちご…200g
- 豆乳
  …1½カップ（300㎖）
- 甜菜糖…大さじ1
- レモンの絞り汁
  …大さじ1

作り方
1. 材料をミキサーに入れ、なめらかになるまで混ぜ合わせる。

＊ミキサーがない場合には、みじん切りにして凍らせた冷凍いちごとその他材料をよく混ぜ合わせても。

みかんのコンポート

まるごとみかんをそのまま漬けて

93kcal

材料（2人分）
- みかん…2個
- a
  - 水…1½カップ（300㎖）
  - 白ワイン…½カップ（100㎖）
  - 甜菜糖…大さじ2
  - レモンの絞り汁…大さじ1

作り方
1. みかんは皮をむき、薄皮のまわりの固い筋を取り除く。
2. **a**は鍋でひと煮立ちさせて、火からおろす。
3. **2**が熱いうちに**1**を漬け、粗熱をとってから冷蔵庫で冷やす。

白ワイン
洋風料理やデザートに。風味づけ程度に利用しましょう。

デザート
豆・いも他

和菓子を食べたいときは、有機の豆やいもなどを使って自分で作ってみましょう。意外と簡単にできて、自然な甘さがおいしい!

小豆・さつまいも
小豆は水分の代謝を活発化させるので、むくみに効果あり。さつまいもは食物繊維が豊富なのでおすすめ。

小豆とプルーンのおはぎ
プルーンの自然の甘味がおはぎにぴったり!

180kcal

材料（約4個分）
- 小豆（乾燥）…½カップ
- 甜菜糖…大さじ4
- 塩…小さじ¼
- プルーン…30g
- 玄米ごはん…茶碗1杯分

プルーン
食物繊維や鉄などのミネラル豊富なプルーンの自然な甘さを味わって。

作り方
1. 小豆は洗い、鍋に入れて水を適量（分量外）加えて火にかけ、煮立ったら一度ザルにあげて水けをきる。再び鍋に入れてたっぷりの水を加えて強火にかけ、煮立ったら弱火にしてやわらかくなるまでゆでる。

2. 1に甜菜糖、塩、刻んだプルーンを加えて水けが少なくなるまで煮詰め、バットなどに移して粗熱をとる（粒が崩れているほうが丸めやすいので、よく煮るか少しつぶすとよい）。

3. 玄米ごはんは温かいうちにボウルに入れ、すりこ木でつぶして粘りをだす。

4. **3**をひと口大に丸めてから**2**で包む。

小豆とプルーンをやわらかくなるまでよく煮たら、バットに広げて粗熱をとります。

和風デザートに合うお茶のこと

陰陽のバランスのとれた三年番茶がおすすめ

甘い和菓子にはやっぱりお茶。選ぶときは無農薬のものがきほん。そして、陽性、陰性に偏らない中庸の「三年番茶」がおすすめ。カフェインもほとんどなく、体にやさしい飲料です。

デザート

豆・いも他

小豆とプルーンのおはぎ

大学いも
甘くてホクホク定番おやつ

122kcal

材料（約10枚分）
- さつまいも…1本
- コーン油…適量
- a ┌ 甜菜糖…30g
　　└ 水…大さじ1

作り方
1. さつまいもは輪切りにし、170℃に熱したコーン油で揚げる。
2. 鍋でaをかき混ぜずに温め、甜菜糖を溶かし、シロップをつくる。
3. 油をきった1に2を絡める。

デザートコラム
デザートのポイントは？

甘みのある野菜やいもを取り入れましょう。

おやつやデザートには、できるだけかぼちゃやさつまいもなどの甘みのある野菜を取り入れましょう。特に冷え性の人は、積極的に料理にデザートにと取り入れることで効果を発揮します。

デザート

豆・いも他

大学いも／そばまんじゅう

そばまんじゅう
そば粉の香りと甘いあんがおいしい！

205kcal

材料（約4個分）
- 小豆(乾燥)…½カップ
- 甜菜糖…大さじ4
- 塩…小さじ¼
- a ┌ 全粒粉…60g
    │ そば粉…30g
    └ 黒糖(粉)…20g
- 山いも…50g
- 水…大さじ2

作り方
1. 小豆は洗い、鍋に入れて水を適量加えて火にかけ、煮立ったら一度ザルにあげて水けをきる。再び鍋に入れてたっぷりの水を加えて強火にかけ、煮立ったら弱火にしてやわらかくなるまでゆでる。
2. **1**に甜菜糖と塩を加えて水けが少なくなるまで煮詰め、粗熱をとる。
3. ボウルに**a**を入れて混ぜ合わせ、すりおろした山いもを加える。水は生地の様子を見ながら加えて混ぜ合わせる。
4. **3**を適量取り、**2**を包んでから蒸し器で10分ほど蒸す。

黒糖
ミネラルが豊富な黒糖は、そのままかじってもいいぐらい。和菓子にぴったり。

さつまいものきんつば風
フライパンで作るお手軽和菓子

66kcal

材料（約6個分）
- さつまいも…1本
- 黒糖（かたまり）…30g
- a ┌ 全粒粉…大さじ1
  │ 塩…少々
  └ 豆乳…1/4カップ（50mℓ）

作り方
1. さつまいもはひと口大に切って鍋に入れ、かぶるくらいの水を加えてからゆでる。
2. **1**をザルにあげて水けをきり、熱いうちに裏ごしする。
3. 黒糖は粗めに刻んで**2**に加えて混ぜ合わせてから形をととのえる。
4. よく混ぜ合わせた**a**に**3**をくぐらせ、テフロン加工のフライパンで表面を焼く。

材料別料理さくいん

穀類・粉製品

玄米 白身魚と切り昆布の土鍋ごはん……46
五色納豆丼……48
きんぴら入り玄米いなり……49
カリカリ梅と白ごまの玄米ごはん……49
照り焼き玄米ハンバーガー……84
玄米ピラフ風……86
玄米ニョッキ かぼちゃ風味……86
玄米ドリア……87
マクロの麻婆丼……128
中華あんかけ丼……130
納豆チャーハン……131
たっぷり野菜のうま味チャーハン……131
小豆とプルーンのおはぎ……152
麺類・パスタ 汁なし四国風かき揚げうどん……50
ゆばあんかけそば……52
パリパリ油揚げと白髪ねぎのそば……53
グリーングリーンパスタ……88
かぼちゃのクリーミーパスタ……90
コーフーしぐれときのこのパスタ……91
梅しそだれの冷製パスタ……91
オーガニック焼きそば……133
粉・粉製品 みそ巻き納豆クレープ……35
豆腐でクリームコロッケ風……68
ふわふわモーニングパンケーキ2種……92
マクロビオティックパン2種……94
ふわふわモーニングパンケーキでフィッシュサンド……98
ふわふわモーニングパンケーキでホトック風……98
マクロビオティックパンでカフェサラダ……99
マクロビオティックパンでパングラタン……99
大豆五目あんのマクロ春巻き……116
かぼちゃと豆乳のベイクドケーキ風……140
ドライフルーツとナッツのケーキ……142
フレッシュジャムのミルクレープ……143
おからとレモンのクッキー……144
かぼちゃとかぼちゃの種のクッキー……145
そばまんじゅう……155

豆・豆製品

豆類 大豆とさやいんげんのみそ炒め……32
ガルバンゾーのがんも風……32
大豆の五目煮……42
ミックスビーンズの豆乳グラタン……72
大豆ハンバーグ……74
ガルバンゾーのカレー風味ソテー……75
レッドキドニーとおかひじきの梅ドレッシングサラダ……82
ガルバンゾーとグリーンピースのサラダ……83
小豆の甜菜糖煮……96
大豆五目あんのマクロ春巻き……116
大豆とたけのこの中華みそ炒め……117
玄米寒天のあんみつ……149
小豆とプルーンのおはぎ……152
そばまんじゅう……155
納豆 焼きれんこんの香味納豆がけ……34
みそ巻き納豆クレープ……35
五色納豆丼……48
セロリと大根のシャキシャキ納豆炒め……118
納豆と豆腐そぼろのレタス包み……119
納豆チャーハン……131
豆腐 蒸し豆腐の有機野菜あんかけ……26
特製香味だれの湯豆腐……28
豆腐とコーフーで肉豆腐風……29
ガルバンゾーのがんも風……32
ブロッコリーの白あえ……44
梅豆腐ドレッシング／豆腐マヨネーズ……60
豆腐でクリームコロッケ風……68
豆腐シチュー……70
豆腐ステーキ……71
ミックスビーンズの豆乳グラタン……72
白身魚のふわふわフリッター 豆腐のタルタルソース添え……76
玉ねぎとカッテージ豆腐のオーブン焼き……78
カリフラワーとブロッコリーのサラダ……81
ガルバンゾーとグリーンピースのサラダ……83
照り焼き玄米ハンバーガー……84
玄米ドリア……87
ふわふわモーニングパンケーキでフィッシュサンド……98
マクロビオティックパンでパングラタン……99
豆腐とブロッコリーのうま味炒め……112
豆腐と白菜の中華煮込み……114
豆腐ボールの中華揚げ……115
納豆と豆腐そぼろのレタス包み……119
豆腐の棒々鶏風サラダ……124
にんじんのごま豆腐だれサラダ……125
豆腐と水菜の香味だれあえ……127
マクロの麻婆丼……128
春雨と豆腐で坦々麺風……133
豆腐と春雨の中華風スープ……138
豆乳 みそ巻き納豆クレープ……35
白身魚の豆乳鍋……39
豆腐でクリームコロッケ風……68
豆腐シチュー……70
ミックスビーンズの豆乳グラタン……72
白身魚のふわふわフリッター 豆腐のタルタルソース添え……76
玄米ドリア……87
かぼちゃのクリーミーパスタ……90
マクロビオティックパンでパングラタン……99
大豆五目あんのマクロ春巻き……116
かぼちゃの豆乳スープ……137
かぼちゃと豆乳のベイクドケーキ風……140
フレッシュジャムのミルクレープ……143
おからとレモンのクッキー……144
かぼちゃとかぼちゃの種のクッキー……145
白ごまのブラマンジェ風……146
あんずのプチムース……147
杏仁豆腐風くず餅……148
いちごと豆乳でスムージー風……151
豆製品 根菜のジュワッと揚げびたし……40
きんぴら入り玄米いなり……49
ゆばあんかけそば……52
パリパリ油揚げと白髪ねぎのそば……53
梅しそだれの冷製パスタ……91
おからとレモンのクッキー……144
高野豆腐 高野豆腐と青菜のしょうが炒め……30
高野豆腐と根菜のかき揚げ……31
テンペ テンペと長ねぎでねぎま風……36
中華あんかけ丼……130

魚介類

白身魚ときのこの紙包み蒸し……38
白身魚の豆乳鍋……39
白身魚と切り昆布の土鍋ごはん……46
白身魚のふわふわフリッター 豆腐のタルタルソース添え……76
白身魚ときのこの洋風ホイル焼き……77
白身魚とパプリカのマリネ……96
ふわふわモーニングパンでフィッシュサンド……98
白身魚と長ねぎの梅肉ソース炒め……120
白身魚のサクサクから揚げ……121
春雨で広東風麺……132
オーガニック焼きそば……133

野菜

にんじん 蒸し豆腐の有機野菜あんかけ……26
高野豆腐と根菜のかき揚げ……31
ガルバンゾーのがんも風……32
根菜のジュワッと揚げびたし……40
彩り有機野菜のしゃぶしゃぶ……41
大豆の五目煮……42
ささがきごぼうとにんじんのきんぴら……43
野菜みそで! ふろふき大根……43
ひらひらにんじんの酢の物……45
きんぴら入り玄米いなり……49
汁なし四国風かき揚げうどん……50
ひじきの煮物……54

かぼちゃの豆乳スープ …………137
ねぎ 特製香味だれの湯豆腐 …28
焼きれんこんの香味納豆がけ …34
みそ巻き納豆クレープ …………35
テンペと長ねぎでねぎま風 ……36
彩り有機野菜のしゃぶしゃぶ …41
白身魚と切り昆布の土鍋ごはん …46
パリパリ油揚げと白髪ねぎのそば …53
白身魚ときのこの洋風ホイル焼き …77
とりあわせ野菜のハリハリサラダ …82
コーフーのオイスターソース煮とせん切り長ねぎ …97
豆腐とブロッコリーのうま味炒め …112
豆腐ボールの中華揚げ …………115
大豆とたけのこの中華みそ炒め …117
セロリと大根のシャキシャキ納豆炒め …118
納豆と豆腐そぼろのレタス包み …119
白身魚と長ねぎの梅肉ソース炒め …120
干ししいたけとたけのこのみそがらめ蒸し …123
豆腐の棒々鶏風サラダ …………124
レタスと長ねぎのあっさりサラダ …125
にんじんのごま豆腐だれサラダ …125
豆腐と水菜の香味だれあえ ……127
マクロの麻婆丼 …………………128
中華あんかけ丼 …………………130
納豆チャーハン …………………131
たっぷり野菜のうま味チャーハン …131
春雨で広東風麺 …………………132
春雨と豆腐で坦々麺風 …………133
オーガニック焼きそば …………133
糸寒天のみそ汁 …………………135
とろろ昆布のお吸いもの ………136
焼き麩とごまのお吸いもの ……136
かぼちゃの豆乳スープ …………137
わかめとごまの韓国風スープ …138
青じそ・みょうが・根三つ葉、にらなどの香味野菜
特製香味だれの湯豆腐 …………28
焼きれんこんの香味納豆がけ …34
焼きかぼちゃの香味ごまふりかけ …45
白身魚と切り昆布の土鍋ごはん …46
五色納豆丼 ………………………48
梅しそだれの冷製パスタ ………91
しめじの香味ソテー ……………97
叩ききゅうりの梅しそ漬け ……101
豆腐の棒々鶏風サラダ …………124
豆腐と水菜の香味だれあえ ……127
春雨と豆腐で坦々麺風 …………133
ねばねば長いものみそ汁 ………135
梅じそゼリー仕立て ……………149
キャベツ コーフーのから揚げ …37
彩り有機野菜のしゃぶしゃぶ …41
たっぷり野菜のミネストローネ …79
ローストキャベツ ………………80
セロリとキャベツのコールスロー風 …81
ふわふわモーニングパンケーキでフィッシュサンド …98
キャベツのシンプル漬け ………101

かぼちゃとかぼちゃの種のクッキー …145
たけのこ 大豆五目あんのマクロ春巻き …116
大豆とたけのこの中華みそ炒め …117
干ししいたけとたけのこのみそがらめ蒸し …123
とうもろこし コーンとかぼちゃのソテー …97
レタスと長ねぎのあっさりサラダ …125
いんげん・えんどう 蒸し豆腐の有機野菜あんかけ …26
大豆とさやいんげんのみそ炒め …32
根菜のジュワッと揚げびたし …40
ひじきの煮物 ……………………54
豆腐でクリームコロッケ風 ……68
白身魚のふわふわフリッター豆腐のタルタルソース添え …76
玄米ピラフ風 ……………………86
玄米ドリア ………………………87
シャキシャキ野菜炒め …………122
グリーンピース・そら豆
ガルバンゾーとグリーンピースのサラダ …83
グリーングリーンパスタ ………88
ブロッコリー・カリフラワー
彩り有機野菜のしゃぶしゃぶ …41
ブロッコリーの白あえ …………44
豆腐シチュー ……………………70
大豆ハンバーグ …………………74
カリフラワーとブロッコリーのサラダ …81
グリーングリーンパスタ ………88
豆腐とブロッコリーのうま味炒め …112
シャキシャキ野菜炒め …………122
青菜（小松菜・春菊・水菜など）
高野豆腐と青菜のしょうが炒め …30
白身魚の豆乳鍋 …………………39
パリパリ油揚げと白髪ねぎのそば …53
とりあわせ野菜のハリハリサラダ …82
春菊のこっくりみそ炒め ………97
シャキシャキ野菜炒め …………122
豆腐と水菜の香味だれあえ ……127
玉ねぎ 野菜みそで！ふろふき大根 …43
おろし野菜のグルメドレッシング …58
豆腐マヨネーズ …………………60
マクロのブラウンソース ………62
豆腐でクリームコロッケ風 ……68
豆腐シチュー ……………………70
豆腐ステーキ ……………………71
ミックスビーンズの豆乳グラタン …72
大豆ハンバーグ …………………74
ガルバンゾーのカレー風味ソテー …75
玉ねぎとカッテージ豆腐のオーブン焼き …78
ローストキャベツ ………………80
カリフラワーとブロッコリーのサラダ …81
ガルバンゾーとグリーンピースのサラダ …83
玄米ピラフ風 ……………………86
玄米ドリア ………………………87
かぼちゃのクリーミーパスタ …90
ふわふわモーニングパンケーキでフィッシュサンド …98
マクロビオティックパンでカフェサラダ …99
マクロビオティックパンでパングラタン …99

大根とにんじんの皮の佃煮 ……56
おろし野菜のグルメドレッシング …58
豆腐でクリームコロッケ風 ……68
豆腐シチュー ……………………70
大豆ハンバーグ …………………74
白身魚のふわふわフリッター豆腐のタルタルソース添え …76
たっぷり野菜のミネストローネ …79
ローストキャベツ ………………80
玄米ピラフ風 ……………………86
玄米ドリア ………………………87
ふわふわモーニングパンケーキ2種 …92
おろしにんじん＆りんごごと甜菜糖のジャム …96
マクロビオティックパンでカフェサラダ …99
にんじんと大根のレモン漬け …100
にんじんと長いものみそ漬け …102
豆腐ボールの中華揚げ …………115
大豆五目あんのマクロ春巻き …116
豆腐の棒々鶏風サラダ …………124
にんじんのごま豆腐だれサラダ …125
中華あんかけ丼 …………………130
たっぷり野菜のうま味チャーハン …131
春雨で広東風麺 …………………132
オーガニック焼きそば …………133
せん切り野菜のみそ汁 …………134
にんじんとセロリのコンソメスープ …137
ごぼう 蒸し豆腐の有機野菜あんかけ …26
高野豆腐と根菜のかき揚げ ……31
根菜のジュワッと揚げびたし …40
大豆の五目煮 ……………………42
ささがきごぼうとにんじんのきんぴら …43
たたきごぼうのごまあえ ………44
きんぴら入り玄米いなり ………49
汁なし四国風かき揚げうどん …50
ごぼうとしょうがの佃煮 ………57
せん切り野菜のみそ汁 …………134
大根・かぶ 野菜みそで！ふろふき大根 …43
汁なし四国風かき揚げうどん …50
大根とにんじんの皮の佃煮 ……56
梅しそだれの冷製パスタ ………91
にんじんと大根のレモン漬け …100
かぶの千枚漬け …………………102
セロリと大根のシャキシャキ納豆炒め …118
せん切り野菜のみそ汁 …………134
れんこん 焼きれんこんの香味納豆がけ …34
根菜のジュワッと揚げびたし …40
れんこんのピクルス ……………103
シャキシャキ野菜炒め …………122
かぼちゃ 焼きかぼちゃの香味ごまふりかけ …45
玄米ニョッキ かぼちゃ風味 …86
かぼちゃのクリーミーパスタ …90
コーンとかぼちゃのソテー ……97
かぼちゃのごまあえ ……………126
おいもとかぼちゃのホクホク汁 …135
かぼちゃの豆乳スープ …………137
かぼちゃと豆乳のベイクドケーキ風 …140

158

かぼちゃのごまあえ …………126
たっぷり野菜のうま味チャーハン…131
春雨と豆腐で坦々麺風 …………133
焼き麩とごまのお吸いもの ………136
わかめとごまの韓国風スープ ……138
ドライフルーツとナッツのケーキ …142
かぼちゃとかぼちゃの種のクッキー …145
白ごまのブラマンジェ風 …………146
春雨 豆腐と白菜の中華煮込み ……114
春雨ときゅうりの甘酢あえ ………126
春雨で広東風麺 …………………132
春雨と豆腐で坦々麺風 …………133
豆腐と春雨の中華風スープ ………138
玄米茶 玄米茶ふりかけ …………105
玄米寒天のあんみつ ……………149
その他の乾物 切干大根とごまの炒め煮 …55
焼き麩とごまのお吸いもの ………136

海藻類

ひじき ガルバンゾーのがんも風 …32
ひじきの煮物 ……………………54
ひじきの梅煮 ……………………55
昆布 大豆の五目煮 ……………42
白身魚と切り昆布の土鍋ごはん …46
かぶの千枚漬け …………………102
とろろ昆布のお吸いもの …………136
のり・青のり のりの佃煮 ………56
コーフーしぐれときのこのパスタ …91
パリパリごまのり ………………105
白身魚のサクサクから揚げ ………121
わかめ 茎わかめの佃煮 ………57
納豆チャーハン …………………131
わかめとごまの韓国風スープ ……138
こんにゃく 大豆の五目煮 ………42
寒天 糸寒天のみそ汁 …………135
白ごまのブラマンジェ風 …………146
あんずのプチムース ……………147
玄米寒天のあんみつ ……………149
梅じそゼリー仕立て ……………149

その他食材

コーフー・セイタン
豆腐とコーフーで肉豆腐風 ………29
コーフーのから揚げ ………………37
コーフーの佃煮 …………………56
照り焼き玄米ハンバーガー ………84
玄米ピラフ風 ……………………86
コーフーしぐれときのこのパスタ …91
コーフーのオイスターソース煮とせん切り長ねぎ …97
マクロの麻婆丼 …………………128
生麩
彩り有機野菜のしゃぶしゃぶ ……41

ドライフルーツとナッツのケーキ …142
あんずのプチムース ……………147
ベイクドアップル ………………150
小豆とプルーンのおはぎ …………152
梅干し 特製香味だれの湯豆腐 …28
カリカリ梅と白ごまの玄米ごはん …49
ひじきの梅煮 ……………………55
梅豆腐ドレッシング ………………60
レッドキドニーとおかひじきの梅ドレッシングサラダ …82
梅しそだれの冷製パスタ …………91
叩ききゅうりの梅しそ漬け ………101
白身魚と長ねぎの梅肉ソース炒め …120
梅じそゼリー仕立て ……………149

乾物

干ししいたけ
蒸し豆腐の有機野菜あんかけ ……26
干ししいたけの佃煮 ………………57
豆腐ボールの中華揚げ …………115
大豆五目あんのマクロ春巻き ……116
大豆とたけのこの中華みそ炒め …117
干ししいたけとたけのこのみそがらめ蒸し …123
たっぷり野菜のうま味チャーハン…131
春雨で広東風麺 …………………132
豆腐と春雨の中華風スープ ………138
きくらげ きくらげのごま油炒め煮 …55
豆腐ボールの中華揚げ …………115
シャキシャキ野菜炒め …………122
ごま・木の実 特製香味だれの湯豆腐 …28
焼きれんこんの香味納豆がけ ……34
彩り有機野菜のしゃぶしゃぶ ……41
野菜みそで！ふろふき大根 ………43
たたきごぼうのごまあえ …………44
ブロッコリーの白あえ …………44
ひらひらにんじんの酢の物 ………45
焼きかぼちゃの香味ごまふりかけ …45
白身魚と切り昆布の土鍋ごはん …46
五色納豆丼 ……………………48
きんぴら入り玄米いなり …………49
カリカリ梅と白ごまの玄米ごはん …49
切干大根とごまの炒め煮 …………55
香味ドレッシング ………………59
練りごまだれ ……………………62
とりあわせ野菜のハリハリサラダ …82
マクロビオティックパン2種 ………94
すり黒ごまと米あめを合わせたディップ …97
ごま塩 …………………………104
うま味ごま ………………………105
パリパリごまのり ………………105
かぼちゃの種 ……………………106
アーモンドとくるみ ………………106
豆腐の棒々鶏風サラダ …………124
にんじんのごま豆腐だれサラダ …125
春雨ときゅうりの甘酢あえ ………126

たっぷり野菜のうま味チャーハン…131
白菜 彩り有機野菜のしゃぶしゃぶ …41
白菜のうま味漬け ………………101
豆腐と白菜の中華煮込み ………114
中華あんかけ丼 …………………130
春雨で広東風麺 …………………132
糸寒天のみそ汁 …………………135
レタス 照り焼き玄米ハンバーガー …84
マクロビオティックパンでカフェサラダ …99
納豆と豆腐そぼろのレタス包み …119
レタスと長ねぎのあっさりサラダ…125
きゅうり みそ巻き納豆クレープ …35
白身魚のふわふわフリッター 豆腐のタルタルソース添え …76
叩ききゅうりの梅しそ漬け ………101
きゅうりのピクルス ……………103
豆腐の棒々鶏風サラダ …………124
春雨ときゅうりの甘酢あえ ………126
セロリ たっぷり野菜のミネストローネ …79
セロリとキャベツのコールスロー風 …81
セロリと大根のシャキシャキ納豆炒め …118
にんじんとセロリのコンソメスープ …137
きのこ 白身魚ときのこの紙包み蒸し …38
豆腐ステーキ ……………………71
白身魚ときのこの洋風ホイル焼き …77
コーフーしぐれときのこのパスタ …91
しめじの香味ソテー ……………97
中華あんかけ丼 …………………130
いも類 五色納豆丼 ……………48
白身魚のふわふわフリッター 豆腐のタルタルソース添え …76
ふわふわモーニングパンケーキ2種 …92
さつまいものディップ ……………97
にんじんと長いものみそ漬け ……102
ねばねば長いものみそ汁 ………135
おいもとかぼちゃのホクホク汁 …135
ドライフルーツとナッツのケーキ …142
大学いも ………………………154
そばまんじゅう …………………155
さつまいものきんつば風 …………156
その他の野菜 五色納豆丼 ……48
レッドキドニーとおかひじきの梅ドレッシングサラダ …82
白身魚とパプリカのマリネ ………96

果物

おろしにんじん＆りんごと甜菜糖のジャム …96
にんじんと大根のレモン漬け ……100
キャベツのシンプル漬け …………101
春雨ときゅうりの甘酢あえ ………126
フレッシュジャムのミルクレープ …143
おからとレモンのクッキー ………144
ベイクドアップル ………………150
いちごと豆乳でスムージー風 ……151
みかんのコンポート ……………151
干し果物 ガルバンゾーとグリーンピースのサラダ …83
さつまいものディップ ……………97

<監修> 長澤池早子（ながさわ ちさこ）

管理栄養士。女子栄養短期大学卒業。東京大学医学部老人科研究室を経て、現在、赤堀栄養専門学校講師（栄養学・臨床栄養学）や病院の栄養カウンセラーを務める。小学校や保育園でも育児相談、学校給食調理師の講習会、講演会、雑誌、ラジオなど多方面にわたって活躍している。数年前にマクロビオティックに出会い、毎日の食生活で実践中。監修した書籍として「子供を強くする100の食材」「はじめてのマクロビオティック」（成美堂出版）など。

Staff

企画・編集
成美堂出版編集部

撮影
松島均

デザイン
羽田野朋子

編集・構成・文
丸山みき

編集アシスタント
志賀靖子　吉岡久美子

調理・スタイリング
牛尾理恵

調理アシスタント
池田桂子　塚田貴世　田中みさと

イラスト
今井久恵

もっとおいしい マクロビオティック

監　修	長澤池早子（ながさわちさこ）
発行者	深見悦司
発行所	成美堂出版
	〒162-8445　東京都新宿区新小川町1-7
	電話(03)5206-8151　FAX(03)5206-8159
印　刷	大日本印刷株式会社

©SEIBIDO SHUPPAN 2006　PRINTED IN JAPAN
ISBN4-415-03600-7

落丁・乱丁などの不良本はお取り替えします
定価はカバーに表示してあります

・本書および本書の付属物は、著作権法上の保護を受けています。
・本書の一部あるいは全部を、無断で複写、複製、転載することは禁じられております。